体育艺术类项目
技能分析与开展研究

张玉萍◎著

吉林大学出版社

图书在版编目(CIP)数据

体育艺术类项目技能分析与开展研究/张玉萍著
. --长春:吉林大学出版社,2017.4(2024.8重印)
ISBN 978-7-5677-9651-5

Ⅰ.①体…　Ⅱ.①张…　Ⅲ.①艺术—体育项目—项目
管理—研究　Ⅳ.①G808.22

中国版本图书馆 CIP 数据核字(2017)第 105319 号

书　　　名	体育艺术类项目技能分析与开展研究
	TIYU YISHULEI XIANGMU JINENG FENXI YU KAIZHAN YANJIU
作　　　者	张玉萍　著
策划编辑	孟亚黎
责任编辑	孟亚黎
责任校对	樊俊恒
装帧设计	崔　蕾
出版发行	吉林大学出版社
社　　　址	长春市朝阳区明德路 501 号
邮政编码	130021
发行电话	0431－89580028/29/21
网　　　址	http://www.jlup.com.cn
电子邮箱	jlup@mail.jlu.edu.cn
印　　　刷	三河市天润建兴印务有限公司
开　　　本	787×1092　1/16
印　　　张	18.25
字　　　数	237 千字
版　　　次	2017 年 11 月　第 1 版
印　　　次	2024 年 8 月　第 3 次
书　　　号	ISBN 978-7-5677-9651-5
定　　　价	63.00 元

前　言

随着现代社会呈现多元化发展趋势,各个学科相互之间也越来越广泛地相互渗透和融合。与此同时,体育和艺术在各自的发展过程中也不断交叉和融合,发展到现在产生了如有氧舞蹈、健美操、啦啦操等项目。这些项目包含了非常丰富的舞蹈艺术和音乐的元素,有着非常高的观赏性,并且也具有很高的竞技性,使得体育的内涵和外延得以不断丰富,从而形成了一种全新的体育艺术类项目。

近年来,体育艺术类项目逐渐被引入高校体育课程之中,并成为各个高校展现教学改革成果的必选示范课程。但在相应的教材建设和教学系统性、规范性等方面尚需要得到进一步规范和完善。基于此,特撰写《体育艺术类项目技能分析与开展研究》一书,通过进行相应的分析来为体育艺术类项目学练提供科学指导,从而更好地促进体育艺术类项目的开展。

本书共九章,分理论和实践两部分。理论部分为第一章至第三章,第一章体育艺术类项目概述,对体育艺术类项目的基本知识和基本常识以及开展情况进行了分析;第二章体育艺术类项目开展的价值研究,主要阐述了其在身心健康、塑形美体、审美培养等方面的价值;第三章体育艺术类项目开展的安全指导,内容包括营养指导、医务指导和自我监督等。实践部分为第四章至第九章,第四章形体训练开展与技能分析,内容包括形体训练开展研究、形体训练基本素质锻炼和基本姿态控制技能分析;第五章健美操开展与技能分析,内容包括健美操开展研究、健美操基本技能分析和创新编排研究;第六章体育舞蹈开展与技能分析,内容包括体育舞蹈开展研究、拉丁舞和摩登舞基本技能分析;第七章啦啦操开展与技能分析,内容包括啦啦操开展研究、啦啦操基本技能分析以及舞蹈和技巧啦啦操;第八章排舞开展与技能分析,内容包括排舞开展研究、排舞运动基本技能分析以及校园排舞运动的发展;第九章其他体育艺术类项目开展与技能分析,主要包括街舞、瑜伽、艺术体操等。

　　本书理论与实践相结合,兼顾知识性和健康性,对体育艺术类项目的基本理论知识以及流行的体育艺术类项目进行了系统论述,包括形体训练、健美操、体育舞蹈、啦啦操、排舞以及街舞、瑜伽、艺术体操等,使本书具有了系统性、实用性、科学性和创新性等特点。此外,本书结构层次清晰,内容安排合理,语言简练,通俗易懂,能够为体育艺术项目的学练提供科学指导,并使学练者对体育艺术类项目有一个清晰的了解和认识,便于体育艺术类项目的推广和宣传,促进体育艺术类项目的更好发展。

　　在撰写本书的过程中,作者借鉴和引用了众多专家和学者的研究成果与文献资料,在此一并表示感谢。由于作者水平有限,书中难免存在一些疏漏之处,敬请广大读者批评指正。

作　者

2017 年 3 月

目 录

第一章　体育艺术类项目概述

体育艺术类项目包含很多内容,如健美操、有氧舞蹈、排舞、拉丁舞、啦啦操等,它们是现代体育课程的一个新的分支,也是现在体育教学改革的产物,并逐步发展成为学校体育教学的重要组成部分。本章就体育艺术类项目的基本知识及其开展情况进行阐述。

第一节　体育艺术类项目简介

一、体育艺术类项目发展简况

作为体育课程的一个新的分支,体育艺术类项目是现代体育教学改革的产物。它主要是由诸多体育艺术项目共同组成,这些项目含有很多艺术成分,如舞蹈艺术、音乐艺术、表演艺术和造型艺术等,因此这使其具有了很高的艺术性,能够使人的情感得到激发,并创造性地促使人们的表现力和想象力得以激发,如拉丁舞、健美操、啦啦操、有氧舞蹈等。

上述这些项目开始被纳入学校体育教学之中,成为学校体育教学的重要内容,并成为"体育艺术类课程"。这类课程能够很好地促进学生体能的发展,促使学生体质得以增强,并不断提高学生的审美能力、体育锻炼意识和文化素养,培养学生高雅的气质,使学生的身心健康得以增进,由此可见,它是一种特殊的教育性课程。就其整个发展历程来说,我国高校体育艺术类项目发展主要经历了以下三个阶段。

(一)第一阶段:初始发展阶段

在 1985 年左右,国际上开始兴起时尚健身运动,如健美操、有氧运动等,这使得我国学校体育教学中也开始出现了以健美操作为代表的体育艺术类项目课程,并得到了广大师生的欢迎和喜爱。在高校发展过程中,这些项目也形成了各自不同的特点。

(二)第二阶段:起步阶段

到了 1990 年以后,在体育艺术类教学方面,此类项目便成了其中的重要教学内容。到了新世纪初,随着我国基础教学的不断深化改革,在探索体育与健康课程的实践过程中,跆搏、瑜伽、街舞、体育舞蹈等以健美操教学作为基础的社会时尚健美类体育项目也开始进入健美操教学体系之中,从而形成了体育艺术类课程的雏形。

(三)第三阶段:迅猛发展阶段

这些年来,随着现代社会的飞速发展和进步,以及人们生活水平的不断提高,人们在艺术和文化方面的追求和渴望也是越来越强烈,在人们的生活中,体育文化健身与娱乐已成为重要的内容。体育与艺术互相交融成为当下良好的发展趋势。很多高校也相继设置了很多课程,如民族舞、健美操、健身操、排舞、啦啦操、健身街舞、健身瑜伽、有氧舞蹈等。体育艺术类项目层出不穷,而且项目分化得也越来越多,给人以应接不暇之感。

二、体育艺术类项目的分类

根据项目特点来分,体育艺术类项目可以分为舞蹈、体操和民族传统体育三大类,如图 1-1 所示。

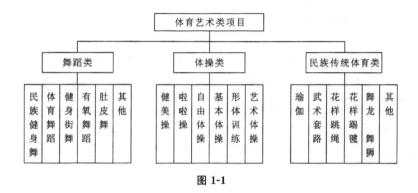

图 1-1

三、体育艺术类项目的功能

作为一种学校中新出现的体育课程形式,体育艺术类项目具有多重功能,如体育教育、休闲、娱乐、欣赏、审美、健身、艺术教育、提高艺术修养、对高雅气质进行培养等,这些都是体育艺术类项目所特有的,其他艺术形式和体育项目无法替代。

(一)审美教育功能

审美教育功能主要是通过学习体育艺术类项目,参与相应的锻炼,学生能够受到其中所含艺术成分的感染和熏陶,在思想方面受到启迪,进一步提高自身的认识。在情感、思想、追求和价值观等方面,学生都会在潜移默化中发生更为深刻的变化,使他们对生活有一个正确的认识和理解,从而树立起正确的人生观、价值观和世界观。

在体育艺术类项目的教学中,教师通过对音乐美、气质美、形体美、姿态美、协调美、动作美的欣赏和表现,能够在潜移默化中对学生感知美的能力、欣赏美的能力、鉴别美的能力进行培养和提高,使他们对各高层次美的创造和追求得到满足,更好地帮助他们形成崇高的审美理想、审美理念和健康向上的艺术情趣,促使学生的艺术修养得以提高,从而更好地促使学生的身心得以健康发展,最终形成健康、正确的价值观。

(二)创新教育功能

在素质教育改革中,学校对创新型人才的培养也是其中的目标之一。体育艺术类项目有很多内容都是由人所编排而成的,在创编成套动作方面,创新是其中一项非常重要的原则,如对动作造型、动作路线、动作组合等的编排,在选择音乐和变化队形等方面都要尽量避免刻意的模仿以及呆板的附会。这些内容的教学及训练能够对学生的形象思维加以更好地培养,促进学生创新能力的发展。在体育艺术类项目学习中,既能提高学生的审美能力,同时又能够促使学生的形象思维得以发展,提高创新能力。

(三)审美娱乐功能

物质产品能够使人们的生存需要得到满足,精神产品能够使人们的精神需要得到满足。就某种意义来说,人们从精神享受方面获得的巨大愉悦,往往要超过物质享受。

在古希腊时期,亚里士多德就认为,人们拥有权利在情感、本能和欲望方面得到正当满足。在体育艺术类课程中,音乐是其灵魂,同时也是艺术和体育相结合的中介。通过参与体育艺术类项目课程的学习,能够使学生的精神生活需要得到更好的满足,给他们带来精神方面的享受,促使他们放松精神、舒畅心情。

(四)健身美体功能

体育艺术类项目有着丰富多样的内容,大都是以健身性项目作为主体,通过长期坚持练习能够提高关节的灵活性,增强肌肉的弹性,促进人体心肺功能的增强,并提高人的灵敏性、协调性、柔韧性和平衡性。同时,此类项目还能够对人体健康美的曲线加以塑造,根据美的标准来对人体进行有的放矢的塑造,从而使人们能够形成优雅、正确的姿势,同时以此作为基础来对学生内心世界的美进行充分的挖掘,以对人独特的气质表现力进行培养。

第二节　体育艺术类项目基本常识

一、体育艺术类项目动作基本术语概述

体育艺术类项目的基本术语,对于动作的形式和一般的技术特征能够通过简练的词汇将其形象而又确切地反映出来,它是参加专业理论和活动时间的统一的技术用语,方便进行学习、书写、推广和交流,并在其中遵循着科学性、统一性和实践性原则。

(一)场地基本方位术语

将主席台、裁判席定为基本方位。基本方位为①点,顺时针方向每隔 45°为一个点,分别为①~⑧点(图 1-2)。

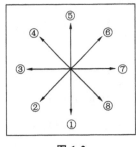

图 1-2

(二)动作方向术语

(1)移动:身体向着相应的方向参考点运动的方式。

(2)向前:向着前面的参考点方向运动。注意"前"和"向前"的区别,可以面向前向前移动,也可以面向后向前移动。

(3)向后:向着后面的参考点方向运动。

(4)向侧:向着侧面的参考点方向运动。

(5)向内:四肢从身体两侧向着中线运动。

（6）向外：四肢由中线向两侧运动。

（7）同向：不同肢体向同一方向运动。

（8）反向：两个肢体向相反方向运动。

（9）原地：无移动或在4拍内回到原来的地方。

（10）转体：身体绕垂直轴转动。转体360°可以是4×90°或2×180°的转体。

（11）绕圈：绕着一个相应的点做转体，经常是向前、向后和向侧移动的结合。

（三）动作之间相互关系术语

（1）同侧：是指同一侧的手臂和腿进行动作配合，如出左手、出左腿。

（2）异侧：是指不同侧的手臂和腿进行动作配合，如出右手、出左腿。

（3）同面：是指手臂和腿的动作的运动面保持一致，如身体向侧进行移动，并将手臂侧摆。

（4）异面：是指手臂和腿的动作的运动面不一致。如向前走，手臂侧摆。

（5）同时：在同一时间上肢和下肢做动作。

（6）依次：上肢或下肢相继做动作。

（7）双侧：两臂同时做同样的动作或下肢依次做相同的动作。

（8）单侧：只有一只手臂做动作或只做了一个方向的动作。如侧交叉步，右臂屈伸两次。

（9）对称：两臂同时做相同的动作或下肢依次做不同方向但相同的动作。

（10）不对称：两臂同时做不同的动作或下肢依次做不同的动作。

（四）运动形式术语

（1）立：是指两条腿所站立的姿势，主要包括分腿立、并腿立、单腿立、点地立、提踵立等。

（2）蹲：是指两条腿成屈膝站立的姿势。一般来说，全蹲屈腿要小于90°，半蹲屈腿要大于90°。

（3）弓步：是指将一条腿屈膝，另一条腿伸直，并将身体重心放在两腿之间的站立姿势。通常来说，弓步主要有前弓步和后弓步两种形式。

（4）点地：是指将一条腿伸直或者屈膝站立，另一条腿的脚尖或脚跟触地的姿势，身体重心放在支撑腿上。点地主要有向前、向后、向侧点地。

（5）踢腿：是指一条腿站立，将另一条腿做用力摆动动作。踢腿主要有向前踢腿、向后踢腿和向侧踢腿三种。

（6）吸腿：是指一腿站立，另一条腿屈膝向上抬起的动作，主要有向前吸腿、向侧吸腿。

（7）平衡：是指一腿站立，将另一条腿抬起，并保持一定时间的动作。

（8）举：是指将手臂或腿抬起并在某一方位上固定的姿势，包括前举、侧举、斜下举等。

（9）屈伸：是指在矢状面、额状面将肢体向前运动为屈，向后运动为伸（脚踝关节正好相反）。

（10）摆动：在某一平面内，将手臂或腿从某一部位自然地匀速运动到另一部位的动作。手臂是以肩关节为轴进行摆动，腿是以髋关节为轴进行摆动。主要包括前后摆动、左右摆动和上下摆动等。

（11）振：是指上体或上臂进行大幅度的加速摆动作。

（12）绕：是指将身体的某一部位摆动180°以上360°以内的动作。

（13）绕环：是指将身体某一部位摆动360°或360°以上的动作。

（14）跪：是指屈膝并用膝部着地的姿势，包括单腿跪立、跪立、跪撑、跪坐等。

（15）坐：是指采用腿部着地的姿势，包括并腿坐、屈腿坐、半劈腿坐、分腿坐、盘腿坐等。

(16)卧:是指身体躺在地上的姿势,包括侧卧、仰卧、俯卧等。

(17)撑:是指使用手着地并承担身体重量的姿势,包括俯卧撑、俯撑、仰撑、蹲撑等。

(五)动作中连接过程术语

(1)接:两个单独动作之间强调要求连续完成时用"接"。

(2)由:指动作的过程。

(3)经:动作过程中强调经过某一部位时用"经"。

(4)至:指动作要达到某一特定的部位。

(5)成:指动作完成后的结束姿势。

(六)动作表现形式术语

(1)弹性:是指关节屈伸有节奏、有控制,给人一种自然、轻松的感觉。

(2)力度:指动作的用力强度,通常情况下,力度主要通过肢体的制动技术来体现出来。

(3)节奏:是指动作在用力强弱方面交替出现,并呈现一定的规律。

(4)幅度:是指动作的轨迹,一般来说,动作的轨迹越大,其幅度也就越大。

(5)风格:一套动作所能够表现出的主要的思想特点和艺术特色。

(6)激情:充满项目特征与特点的强烈兴奋的情感表现。

二、动作术语的应用

(一)动作的记写方法及要求

1.记写方法

(1)完整记写法:根据相关的要求,来对具体的动作进行详细、准确的描述,通常用在对等级动作、等级大纲和锻炼标准的编写方面。

(2)缩写法:只对开始姿势和动作名称进行说明,这种方法通常用在书写教案方面。

(3)图解法:通过采用简图的方式来对动作加以直观、方便地说明。

(4)符号表示法:运用国际体联统一的记写符号表示动作。

(5)表格记写法:采用表格的形式,分别对步伐、手臂、手型、(面向)方向进行记录。

2.要求

通常包括预备姿势、动作做法和结束姿势。动作做法包括动作的部位、动作性质和动作方向。

(1)一般只对第一个动作的预备姿势进行记写,然后再按照动作节拍顺序来进行逐一记写。当后面若干拍动作与前面的若干拍动作做法相同时,可以将后面若干拍动作进行省略不写,如5~8同1~4,如果方向不同需要进行注明。

(2)每拍单个动作的记写方法有两种。

(3)对于徒手操,其描述方式为按腿、臂、手型、躯干,最后是头部。

(4)格式化的记写,如二、三级运动员等级规定动作的记写方式。

(5)动作方向的记写。以开始动作的方向而定,如直立、两臂上举与两臂下举的开始姿势不同,在描述绕环时的方向也不同。上举向侧经下、体前交叉至侧上举称向外绕环,反之由下举开始称向内绕环。

(6)动作路线的记写。在上、下肢所经过的路线最短时,可省略路线的术语;反之,则应注明上、下肢所经过的路线。

(7)对于那些经常遇到或者常见的可以进行省略,如前平举,可以将"平"省略;前举通常是手心相对,可以省略,反之都要进行详细说明;一般姿势要求都是可以省略的,如前踢腿不用说明直腿前踢。

(二)成套动作记写形式

1.文字记写法

文字记写法比较常用在编写专业教材和编写书籍等方面,按照相应的记写要求来对具体动作和过程进行准确、详细地写明。这种方法比较复杂,但有着非常高的描述准确性。特别是对于那些用于竞赛、测验、考核等规定动作,为了力求达到统一,不出现误解,一定要按照相应的术语规范要求来进行书写。这种方法通常会和动作插图和照片进行结合使用,从而达到准确、直观的目的。

2.缩写法

很多体育艺术项目在上肢动作变化方面比较灵活而且复杂,同时可以认为是与步法相配合的动作,通常可以对上肢动作进行省略不写。例如,健美操可用基本步法名称本身直接记写,只用两三个字就可以表明该动作,如交叉步、V字步等动作之间连接过程用符号"+"表示。这种方法在使用方面比较简单、实用,但对具体动作过程细节则很难准确进行描述,通常用在快速记录和编写教案方面。

3.图解法

这种方法主要包括两种,分别是单线条简图法和双线条影像绘图法。

单线条简图法能够将动作及过程简单、直观地再现出来,使用比较快捷、方便,通常在编写教案和记录动作时使用。

双线条影像绘图法是指能够像照片那样将动作的外部形态、头部的具体形态、服饰等进行清晰、立体地勾画出来。但这种方法需要具备一定的专业技术基础和美术基础,这就使得其使用范围受到限制,主要在一部分书籍和专业教材中进行使用。

三、体育艺术类项目动作单线条简图法

人体单线简图是对体育艺术类项目动作进行记录的最为简单易行的方式,它是针对人体轮廓形态采用单线条进行勾画的一种方法。

(一)人体运动的轴和面

轴和面是对人体器官形态进行描述,特别是在关节运动时的术语。人体可以设置成三个相互垂直的轴,分别是垂直轴、矢状轴、额状轴。根据这三个轴可以将人体分成三个相互垂直的面,分别是矢状面、额状面、水平面(图 1-3)。

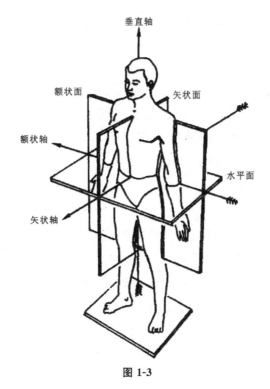

图 1-3

垂直轴:从头到脚垂直于地面的轴。

矢状轴:从腹面到背面垂直于地面的轴。

额状轴:从左右方向上垂直于水平面。

矢状面:是一个纵切面,将人体分成左右两部分。

额状面:作为一个纵切面将人体分为前后两部分。

水平面:作为一个切面,将人体分成上下两部分。

(二)单线条简图画法

自古以来,在我国,作画有立七、坐五、盘三半之说。随着现代社会的快速发展,人们物质和文化生活水平的快速提高,人体的比例也产生了相应的改变。现在人们理想的身高比例为七个半或八个半头高,并且身体的各个部位的比例也不相同。对于单线条简图的比例,通常采用四格比例来进行分配,换句话说,就是将动作绘图在四个格子里完成。头放在一格的中间,躯干占一格,腿脚占两个,手臂各占一格半。各个部位的具体画法如下。

1.头部

椭圆、半弧和代表发型的曲线是头部所经常采用的线条。在进行头部线条练习时,用笔必须要流畅,椭圆的大小要保持一致,代表侧面的半弧形不能超过半圆。要注意整个头部的方向,下笔即成,不能进行涂改(图1-4)。

2.躯干

通常使用两条对称或不对称的曲线来表示躯干,对于两肩、髋、腰的宽度比例要按照3∶2∶1掌握好,并且所画的线条要将性别特征反映出来。如画半侧面时,一侧要表现出腰的曲线,一侧要表现出胸的曲线。两肩胸前不用连线,留出想象的空间,两肩背后要用一条连线来区别正面(图1-5)。

	正面	背面	侧面	半侧面
平视				
俯视				
仰视				

图 1-4

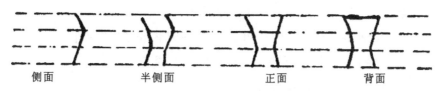

| 侧面 | 半侧面 | 正面 | 背面 |

图 1-5

3. 下肢

下肢的线条主要根据腿部的肌肉形状和脚的方向来表现。

在对腿部至脚尖的线条进行练习时,要对腿部肌肉外形特点以及脚的变化予以注意。要对站立时腿的不同形态表示方法加以掌握,如图 1-6 所示,为屈腿时,腿的不同形态表示方法以及脚的不同形态表示方法。

图 1-6

4. 上肢

上肢的线条较短,变化较少。通常手的变化主要有掌、拳、五指型(图 1-7)。

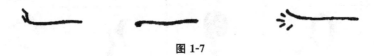

图 1-7

(三)辅助线条和符号

为了使各动作能够在单线条简图得以更为清晰地记录,在动作图上必须要加上一些辅助符号和线条,以将动作运动的用力方向和路线等进行表明。这些符号既简单又清楚,但不能单独使用,必须标在简图旁边才能起到很好的作用和效果。

➡:表示向着箭头方向进行运动一步或一次。

⌐:表示向着箭头的方向进行摆动一次。

⌐⌐:表示向着箭头的方向进行两次来回的摆动动作。

〰➡:表示向着箭头的方向进行走或跑。

↑:表示在原地向上跳起。

⋀:表示跳出去之后再跳回来。

↓180°:表示向着箭头的方向转体 180°。

↯:表示肢体振动或弹动。

(四)绘制单线条简图的基本步骤

在对单线条简图的相关知识加以了解之后,接下来就是将这些线条通过手中的笔,使其各就其位。

第一,无论所画的是什么,都要进行仔细观察,只有通过进行大量的观察、分析和思考,才能在大脑中储存大量的动作形象。

第二,对动作的外形特点加以仔细观察,将所看到的人体转变成线条,然后再通过线条将内在的情感反映出来,这就是使单线条简图具有生命力的关键所在。

正确绘制简图的基本步骤如下所示。

(1)初学时,首先要在横格本子上进行绘图。先要确定底线和简图的高度,一般每行图要留出六个格子。下面一行写拍节,上面一行留出手或跳起的空间。

（2）选择绘制简图的画面。为了表现得准确，一般都按动作本身的面来画，即画出来的动作和所看到的动作一样。有些动作不容易表示清楚时，也可以选择容易画的面来画，但要在图的右上角标明动作方位。

（3）开始画图时，先找出躯干在格子上的位置，画出离我们最近的线条，并勾画出躯干的形态。

（4）先画出离我们近的线条，再画出远端的线条；近处的线条要长，远处的线条要短；近处的线条要连起来，远处的线条要在交叉处断开；决定重心的线条要后画，使重心落在两脚之间；最后画头，注意要留出颈部的位置。

（5）动作形态勾画出来后，要加上手、足的具体形态和辅助线条。画组合动作时，要在动作下方标明拍节。

(五)绘制单线条简图的注意事项

（1）初学绘制简图时，最好是用铅笔和橡皮，以便进行修改。

（2）要流畅运笔，最好将连接的线条一笔画下来，特别是不能来回描画某一部位。

（3）在绘制简图过程中，当改变身体角度或改变绘图的面时，应及时在图的右上角注明身体方位，即通常所指的面向几点（共有 8 点），并在图的旁边标明转体的度数。

（4）在运动中，只有将身体重心控制在支撑面内才能更好地保持身体平衡，这就要求我们在绘制图时要确保重心放在支撑面内。在单腿站立时，支撑面和支撑点基本上是重合的（图 1-8）。

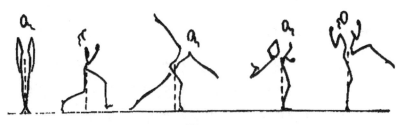

图 1-8

（5）在绘图时，要注意利用线条的长短和"连"与"断"来体现人体的透视关系。

四、体育艺术类项目教学方法

体育艺术类项目的教学方法是能够促使其教学目标或教学任务得以顺利实现的方式、手段和途径的总称。它具有形成动作技能、传授知识、发展经验、指导实践、提高学习效率、培养能力等作用。

在体育艺术类项目教学中，有很多教学方法，主要有语言法、示范法、完整分解法、练习法、游戏法和比赛法、预防与纠正错误的方法、处方法以及小团体教学法等。

（一）语言法

在体育艺术类项目教学中，教师通过使用准确、清晰的语言来与学生进行信息交流，促使学生能够对体育艺术类项目的基本知识、技术和技能加以学习和掌握。这种方法主要包括讲解、口令、指示以及口头评定等方法。下面主要就讲解法进行详细阐述。

所谓讲解法是指通过使用语言，体育舞蹈教师将教学目标、动作名称、动作要领、动作方法及具体要求向学生进行说明，以使学生对体育艺术类项目的基本知识、基本技术和机能进行学习和掌握，并指导其练习的一种方法。在体育艺术类项目教学中，采用讲解法需要注意以下几个方面。

1.要有明确的讲解目的

讲解要具有教育性，要根据具体的教学任务、教学内容、学生的接受能力以及所存在的问题来展开讲解。讲解要具有针对性和计划性，通过讲解能够使学生对动作的要领、重难点加以更好地理解。

2.讲解的语言要生动、准确、通俗易懂

在讲解的过程中,教师要口齿清晰,采用普通话进行讲解;用词要准确,要简明扼要地进行讲解,要善于使用形象的比喻和口诀。

3.讲解要富于启发性

在进行讲解时,教师要善于提出相应的问题,并启发学生进行积极思考。所提出的问题深浅要适度,既能够带有趣味性,同时又具有启发性,这样能够很好地对学生的积极参与精神进行培养。

4.讲解应注意时机和效果

根据具体教学实际,教师要对讲解的时机进行把握,从而促使教学效果得以更好地提高。例如,一般在课的开始部分,教师要将本次课的教学内容和主要的教学任务向学生讲明,要做到语言简明,声音洪亮有力。通常是在开始练习之前进行讲解,在对动作的重难点进行讲解时要注意配合语调和手势的变化,这样能够很好地提高讲解的效果。在练习的过程中,特别是在练习静止用力或具有较大危险性的动作时,通常是不需要讲解的,只有在必要的情况下才能进行简单的提示。

5.讲解应注意与示范相结合

在体育艺术类项目教学中,讲解要同示范进行很好地结合,以使学生能够在获得语言刺激的同时,还能够感受到直观的动作形象,从而更好地促使学生形成运动的表象。

(二)示范法

示范法是将具体的动作作为范例,以使学生能够对所要学习的动作结构、动作要领和动作过程进行了解的一种教学方法。示

范法有很多种分类,可以根据一定的逻辑来进行划分。

（1）示范法根据示范的速度可以划分为常速示范和慢速示范。常速示范法通常在某种教材教学的开始阶段进行使用,这样能够促使学生建立完整的动作概念;慢速示范法的使用能够将动作的结构和时空特征更好地表现出来。

（2）示范法根据教师示范的方向可以分为正面示范、侧面示范、背面示范和镜面示范。

正面示范就是指在进行身体练习时,教师正面对着学生进行示范,通常用于表现人体的左右移动。

侧面示范是指在进行身体练习时,教师侧面对着学生进行示范,一般是为了表现人体的前后移动。

背面示范是指在进行身体练习时,教师背对着学生进行示范,通常是为了将复杂的身体练习技术表现出来。

镜面示范是指在练习同一个节拍条件下,教师与学生所处的左或右肢体同学生恰好相反,同时正对着学生进行示范,这种方法比较适用于那种技术结构较为简单同时又需要学生进行模仿的身体练习,如广播体操、徒手操等。

除了上述分类之后,示范法还可分为重点示范、完整示范、错误示范、正确示范、低位示范和高位示范等。

不管采用上述哪一种示范方法,在体育艺术类项目教学中都要做好以下几点。

（1）要保证示范的正确性。

（2）示范要具有明确的目的性。

（3）示范的位置要恰当。

（4）示范要与讲解紧密结合。

（三）重复练习法

重复练习法是对身体练习的技术结构和运动负荷不加以改变的前提下,来进行不断反复练习的方法,这是在发展体能、学习技术方面最为基本的方法。

根据是否存在间歇,可以将重复练习法划分为连续重复练习法和间歇重复练习法。连续重复练习法通常适用于那些周期性的运动项目以及发展耐力的身体练习之中,如中长跑、游泳。对于那些非周期性运动项目,如篮球的连续传接球练习等,可以赋予其周期性的特点,从而使用连续重复练习法。间歇重复练习法的间歇时间主要根据具体的教学任务以及学生的特点来进行确定,如发展速度和速度耐力的重复跑,在具体练习中,既要对其运动负荷的外部数据以及技术提出相应的要求,同时还要根据学生的身体条件,对间歇时间、练习与练习之间的间歇形式提出具体的要求。

(四)变换练习法

变换练习法是在对条件加以变化的前提下进行反复练习的一种方法。这些条件主要包括身体练习的组合方式、身体练习的要素、器械的重量和高度以及练习的环节等。通过进行变化练习能够促使学生中枢神经系统的灵活性得以不断提高,刺激人体能够快速产生适应,促使人的体能得以有效提高。变换练习法还能促使学生的学习兴趣得以更好提高。根据是否存在间歇,可将这种方法分为连续变换练习法和间歇变换练习法。连续变换练习法比较适合用于周期性的运动项目,如变速跑等。

(五)循环练习法

循环练习法是根据具体的练习任务和具体需要,教师事先选择好相应的练习手段作为练习站(点),然后让学生按照相应的练习要求和规定的顺序,依次逐一进行练习的方法。换句话说,就是将单个的身体练习内容按照一定的要求组合起来,再要求学生根据一定的顺序进行不断的练习。

循环练习法的特点是有多个练习手段、练习过程循环、运动负荷较大,同时练习的程序和要求可根据练习的任务和学生的特点以及教学的条件进行各种设计,即让练习者从一个"作业点"到另一个"作业点",按预先规定的具有局部性和针对性的简单练习手段,用一定的重复次数,逐项循环练习下去,在达到全面锻炼学生的身体,发展体能,巩固技术、技能目的的同时,也有利于培养学生的道德意志品质,使之提高体育学习的兴趣。综上可知,循环练习法是重复练习法和变换练习法相互结合的形式,也是体育艺术类项目教学的一种组织形式。在体育艺术类项目教学中,采用循环练习法要对以下几方面问题予以注意。

(1)对身体练习进行选择,并对练习的运动负荷、练习站或点的数量和循环顺序加以确定,使其与练习的任务相符合。例如,如果是为了改进和提高技术,以 4~6 练习站(点)为宜;如果是为了发展体能,一般采用 8 个以上的练习站(点)进行练习。

(2)所采用的练习方法和教材,都应是学生所熟悉的。如选用一些学生练习过和一些复习材料来作为辅助性练习,这主要是因为只有学生对练习比较熟悉,那么整个循环才能得以顺利进行,教学也会相对较为容易。由此可见,一般在学生对重复练习法和变换练习法的相关内容加以掌握之后,选择使用循环练习法最为合理。

(3)选择的练习要有助于促使学生的身体得以全面发展,注重上肢和下肢练习的搭配,培养学生的道德意志品质,促使学生各种身体素质发展的教材的搭配。

(4)各练习站(点)身体练习的难度搭配应适当。

(5)对运动负荷进行合理安排。在循环练习中,整个的运动负荷要适当,也就是说各个练习站或练习点,以及站与站之间的休息时间要进行合理的安排。一般情况下,可以选择从学生最大负荷能力的 1/3 开始,再依次进行增加,但不能超过学生最大负荷的 2/3。如果每一站的练习量比较大,那么练习的强度要小一些;反之,如果练习的强度较大,那么练习的量就应该小一些。在站与站之间可以适当安排休息,各站的运动负荷要大小间隔搭配。整个练习循环的次数要根据教学的任务、学生的需求和实际条件来制定。

(6)严密组织。这种练习方法是很多学生同时做不同的练习,如果设计和组织不好,就很容易导致教学事故的发生。如要尽量保证每个组在各个站的练习时间是大致相等的,只有这样才能更好地避免学生从练习时间短的站向练习时间长的站汇集。

(六)游戏法和比赛法

1.游戏法

所谓游戏法是指通过采用各种各样的方式来完成教学任务的方法。其特点是不仅有一定的生活情节和思想性、娱乐性,还具有竞赛因素和趣味性、观赏性,能引人入胜。

这种方法比较活泼、生动,有着非常丰富的内容,操作也是简单易行的,所以广大学生对其有着浓厚的兴趣,并且乐于参与其中。虽然有着一定的规则要求,但游戏法能够激励学生对个人和集体的智慧进行充分发挥,能够很好地促使学生的品行、智能和体能得到更好发展。同时,在体育艺术类项目教学中,这种方法有着非常重要的意义和作用,也是顺利进行各种教学任务的有效、重要的辅助手段。

2.比赛法

比赛法是根据比赛的具体规则,将学生的体能和技能充分发挥出来,并在相互竞争的过程中决出胜负的一种练习方法。它具有规则清楚,竞赛激烈的特点,能够使学生的智力、体力得到充分发展,将学生的技能、潜能和心理适应能力发挥出来,对学生的良好个性以及优良道德意志品质进行更好地培养。

运用游戏法和比赛法时必须注意以下四点。

(1)要目的明确

采用这种方法进行教学时,要根据学生的特点和教学的具体任务来进行选用,并对活动进行周密细致的组织。

（2）合理控制运动负荷

在运用游戏法和比赛法时，学生一般都是处于兴奋的状态，很容易出现运动负荷超量的情况，这就需要体育教师要根据具体的规则和要求、教学时间、教学内容、场地的大小等条件来对运动负荷进行调节和控制。

（3）注重对学生思想和智力的培养

在学生参与活动之前，教师要将具体的要求讲清楚；在活动过程中，要对学生的实际表现进行认真观察，并对学生的练习进行及时指导，促进学生的智力以及运用技战术的能力得以充分发展，并对学生开展适时的思想品德教育。

（4）活动结束的时候必须进行讲评

对于那些好的、值得发扬和倡导的地方进行及时指出，同时将不足之处明确指出来，并指出今后需要进行改进的地方。

（七）预防和纠正错误法

这种方式主要是指根据教材的重点和难点，以及学生容易出现的错误，教师采用最为有效的方式和手段来对错误动作进行及时纠正和防止的一种方法。错误的动作如果不进行及时地纠正，那么学生就很有可能会产生错误的动力定型，这既会对学生掌握和提高技术和技能产生影响，同时还容易出现一些运动损伤，对学生的身心健康造成损害。在使用这种方法教学时，体育教师要对错误动作产生的原因进行分析，并提出较为具体地解决问题的方法。

错误动作产生的原因主要有以下几个方面。

（1）教育心理因素，主要是指学生对学习内容不感兴趣，因此在练习中缺乏积极性、主动性，表现出怕苦怕累、怕伤怕痛的畏难情绪，缺乏完成练习的勇气和信心。

（2）运动生物力学因素，主要是指学生对动作要领理解和掌握得不好，动作技术运用不合理。

（3）运动生理因素，主要是指学生的身体素质或体能没有达到学习并掌握动作技术所应具备的水平。

（4）教学环境和条件因素，主要是指场地的布置、卫生条件、体育器材的稳定性、环境的干扰和气候因素等。

（5）教师的专业素养和组织教法，应当包括教师的讲解能力、示范水平，以及教材的选用和教学的要求是否合理、恰当，教法步骤是否循序渐进、合乎规律，等等。

预防和纠正错误的方法大体包括以下五个方面的内容。

（1）加强对学生学习目的的教育。教师首先要不怕苦、不怕累、不怕脏，不怕严寒和酷暑，给学生做出表率，通过讲解和运用激励的方法使学生建立起"我要练"的动机。

（2）改进组织教法。教师通过提高讲解和示范的水平，使学生建立起正确的动作表象。同时，要合理、恰当地选用诱导性练习，正确安排教学步骤，使产生错误动作的可能性降低到最低限度。

（3）努力提高学生的体能，把发展学生身体素质的练习抓紧、抓好。

（4）科学而合理地确定教学的任务和要求。对于每一节课技术、技能的学习任务和体能锻炼的要求，教师应使学生经过努力可以完成。

（5）体育教师要认真备课，了解学生情况，钻研教材教法，苦练教学基本功。同时，应加强教学的总结、交流工作，尽可能多地掌握一些预防和纠正错误的方法，如限制矫正法、诱导矫正法、自我暗示矫正法、消退矫正法等。

运用预防和纠正错误法时，必须注意以下三点。

（1）体育教师首先应肯定学生的优点和进步，对学生要耐心启发，热情帮助。

（2）预防和纠正错误应首先抓准主要矛盾，抓住共性的问题进行解决。

（3）预防和纠正错误要以预防为主，纠正错误应选用最适宜的方法。

(八)处方法

处方法是指针对学生的健康和体能水平,通过采用开处方的方式来进行提高的一种教与学的方法。这种方法首先要进行"运动诊断";其次对学生个体的练习强度、练习次数、练习间隔、练习时间等进行有针对性的设计;最后,还应该通过终结性的"运动诊断",来对学生的健康水平和体能发展情况进行观察。

处方法的使用可能是一节课,也可能是若干节课,这些都需要根据学生的具体实际来进行制定。这种方法在贯彻因材施教、区别对待的教学原则,促使学生体育能力得以提高方面具有非常重要的意义。

(九)小团体教学法

小团体教学法是学生在教师的指导下,根据某些特殊性或共性的联系所构成的学习群体,并利用互助、互动、互争的群体功能,在交流协作的学习活动之中来获得相应的知识和技能、陶冶情操,对人格进行完善和发展,对学生的集体主义感进行培养,提高学生学习的主动性,从而促使教学效率得以提高的一种教学方法。

小团体教学方法有着多种形式,但这些不同的形式在单元的开始都会有一个分组和形成集体的过程。在此过程中,最为重要的就是要使小组具有一定的凝聚力以及各自相应的学习目标。在单元前半部分,通常要以教师指导性比较强的小组学习形式为主;在单元的后半部分,通常要以学生主体性比较强的小组学习形式为主,教师在此时主要起到参谋和指导的作用。在单元的前半部分内容主要是以学习活动为主,后半部分则是由交流和练习活动作为主体,在单元结束时,通常会有小组总结、小组间比赛以及全班总结等步骤。

第三节 体育艺术类项目开展情况分析

一、我国部分高校开展体育艺术类项目的现状

(一)我国专业体育院校开展体育艺术类项目的状况

2001年,艺术类专业在我国各个专业体育院校中相继得以设置,并开始面向全国进行招生。同年,天津体育学院开设了舞蹈学专业,包括舞蹈与健身艺术、舞蹈学等;2003年,表演专业在沈阳体育院校得以设置,包括体育舞蹈、健美操;武汉体育学院到了2004年开始设置表演专业,包括健美操、体育舞蹈以及大众艺术体操等。广州体育学院也不甘落后,同时设置了相关课程,主要有健美操、体育舞蹈、体操以及艺术体操等;同样,北京体育大学也设置了舞蹈、体育舞蹈、健美操和艺术体操。山东体育学院开设了中国舞、健美操、体育舞蹈、模特表演等项目;上海体育学院在2005年设置了舞蹈表演专业或舞蹈编导,主要包括舞蹈、体育舞蹈等项目。成都体育学院也开设了健美操、舞蹈、体育舞蹈、形体与动作表演等。西安体育学院开设了体育节目主持、舞蹈教育、健美操、体育舞蹈;南京体育学院在2006年增加了艺术类表演专业,主要包括舞龙舞狮、武术表演、舞蹈、健美操。首都体育学院开设了舞蹈、健美操、体育舞蹈。2007年,河北体育学院增设了艺术类舞蹈学专业,主要包括体育舞蹈、健美操等项目。2009年开始,哈尔滨体育学院也开始面向艺术类表演专业学生进行招生,主要包括舞蹈、体育舞蹈、健美操等项目。

根据以上综合分析可知,在我国各个地区专业体育院校中,体育艺术类项目都得到了相继开展,虽然有着不尽相同的培养方向和专业设置,但就总体来说,主要包括舞蹈和表演两个专业。

就各个专业体育院校开展体育艺术类项目的情况来看,在体育文化和体育艺术产业方面,体育艺术类项目将会成为其发展的一个新的趋向。在这里之所以对专业体育院校的体育艺术类项目开展情况加以论述,主要是因为普通高校教师都是从专业体育院校中所引进的人才,换句话说,就是专业体育院校其实就是一个火种或者散播的机构,它对体育艺术类项目类人才加以更好地培养,并且培养的数量以及质量都会对各个普通高校体育教学中体育艺术类项目的开展产生直接影响。因此,全面了解体育艺术类项目在上述专业体育院校中的开展情况是非常有必要的。

(二)我国普通院校开展体育艺术类项目的情况

随着专业体育院校中开设体育艺术类项目,该项目也逐渐在学校中快速升温并流行起来,受到广大学生的热捧,与此同时,普通高校也是迎头追赶,相继在高校体育教学中引入体育艺术类项目的教学,虽然相比专业体育院校晚了一些,但在开展现状和发展前景方面也都是比较乐观的。体育艺术类项目是促使我国普通高校体育教学课程更加丰富多彩的重要课程之一。下面主要通过我国部分高校的体育艺术类项目的开展,来对我国普通院校的体育艺术类项目开展情况进行分析。

表1-1　我国部分普通院校体育艺术类项目开展状况

院校名称	项目名称
上海大学	体育舞蹈、健美操
江西师范大学	体育舞蹈、健美操、瑜伽
广州大学	体育舞蹈、健美操、街舞
四川师范大学	体育舞蹈、健美操
北京师范大学	体育舞蹈、健美操、形体

根据表1-1可知,在所调查的以上5所高校中,体育舞蹈、健美操、瑜伽、街舞、形体课程是大学体育课所开设的主要的体育艺术类项目,并且目前开展状况比较良好。但以上这些项目课程所

开设的方式有着很大的不同,作为每所高校都独立开设的体育项目,健美操在教学大纲和教学教材方面都是比较完善的,对教学内容和教学时数都能进行科学、合理的安排。但就体育舞蹈来说,并不是在每一所高校都得到了开展,而且其开课的方式又大都是根据各个高校所拥有的教学设施来进行制定的,在一些有着较好教学设施的高校中,往往会单独设置体育舞蹈课,并且有专业的体育舞蹈教师来进行授课;在一些教学设施相对较差的高校中,为了更好地使学生的需求得到相应的满足,往往会在课程之中适当地安排一些课时来进行体育舞蹈、瑜伽或街舞的基本技术动作的教授,从而获得一定的教学效果。而就体育教育发展层面来说,体育艺术类项目在不久的将来一定会成为高校体育课中所不能忽视的主要内容。

二、我国高校体育艺术类项目发展的主要影响因素

表1-2　我国高校体育艺术类项目发展的影响因素(多选)N=40

影响因素	频数	百分比(%)	排序
教师个人能力	40	100	1
学校场地器材	36	90	2
各级领导态度	30	75	3
完善教材,教辅	28	70	4
学生身体素质	25	62.5	5
学生学习爱好	20	50	6
体育艺术类项目宣传	17	42.5	7
课外活动机会	10	25	8
学校经济状况	9	22.5	9

根据表1-2可知,我国高校体育艺术类项目发展受到很多方面因素的影响,主要是教师的个人能力、学校现有的场地硬件设施、学校各级领导的态度、完善的教材和教辅、学生的身体素质、学生的学习爱好、体育艺术类项目的宣传、学校课外活动机会以

及学校的基本经济状况等,下面主要就教师个人能力、学校硬件设施、学校各级领导的教育眼界等三个主要因素展开详细阐述。

(一)教师个人能力

就目前高校体育教育和教学发展而言,促进体育教师个人业务能力和个人能力的不断提高,对加强高校师资队伍建设以及促进高校体育教学工作得以顺利开展和蓬勃发展都有着非常重要的意义。教师的个人能力主要可以分为教师个人业务能力和专业素养。对于教师个人能力的评价主要从五个方面来进行,分别是受教育程度、运动能力、教学能力、训练能力以及科研能力。以上这五个指标都会对教师的个人能力产生直接影响。根据相关调查研究发现,我国从事高校体育艺术类项目教学的教师在科研能力方面普遍偏低,并且教学经验也是相对不足,这主要是因为体育艺术类项目在高校中是一个新兴的项目,专业教师刚从大学毕业,缺乏相应的教学经验,还有一部分教师是为了满足学校开课需要,从其他项目中转行过来教授此类项目课程,需要进一步加强学习和培训。此外,还有一些体育艺术类项目教师为了应对生活需求,缓解生活压力,在一些健身房或俱乐部担任兼职教师,这也使得专业化学习大大减少,使得科研能力降低。由此可见,以上因素将会对高校体育艺术类项目开展造成较大影响。

(二)学校硬件设施

见表 1-3、表 1-4,是有关我国部分高校体育艺术类项目场地现状、电子设备的相关调查。

表 1-3 我国部分高校体育艺术类教学场地设施现状调查(N=40)

场地状况	频数	百分比(%)
室内教学设施齐全	4	10
室内教学设施单一	14	35
室外平整土地	2	5

续表

场地状况	频数	百分比(%)
室外水泥场地	2	5
室外塑胶场地	14	35
无教学固定场地	4	10

表1-4　我国部分高校体育艺术类电子设备调查分析(多选) N=8

声像状况	多媒体	录音机	DVD	VCD
学校数	0	8	2	8
百分比(%)	0	100	25	100

根据以上结果显示,在所调查的40位教师中,认为室内硬件设施不齐全的占据绝大多数;在室外塑胶跑道上进行上课的教师占到35%,并认为所采用的教学设施非常简陋,远远没有达到上课的标准;只有很少一部分教师认为室内硬件设施比较齐全,能够实现教学目标,并获得预期的教学效果;另外,在室外平整土地和室外水泥场地上开展此类教学的教师对本校的教学硬件设施感到非常不满意,希望学校能够加强这一方面的教学设施建设,最大限度地支持教师的教学工作。其中,有一些教师上课区域并不固定,在遇到阴雨天气时,上课地点就会有所调整,很多学生无法到齐。这种情况不仅会造成教学无法跟上计划的教学进度,而且会大大降低学生的学习效果。

从电子设备方面来看,VCD、DVD、录音机、多媒体是高校日常提供给教师教学的主要教学设备。在日常教学中,大部分教师会采用VCD和录音机教学;一些教师会采用DVD教学,但采用多媒体教学的几乎没有。此类课程的最低标准就是平整的室内场地、形体杆、音控设备、镜子。就目前来看,在硬件设施方面,我国高校体育艺术类项目尚未达到教学要求,有待进一步提高。

从表1-5可知,满意和很满意本校场地状况的教师占到15%;认为一般的占到25%;认为不满意的占到47.5%;认为很不满意的占到 12.5%。从结果可以看出,各个学校在体育艺术类项目场地设施方面存在不足的情况,需要对相应的场地设施建设予以加强,从而为师生创造出一个更好的教学环境。

表1-5　我国部分高校体育艺术类项目教师对场地设施的满意度调查(N=40)

态度	人数	百分比(%)
很不满意	5	12.5
不满意	19	47.5
一般满意	10	25
满意	3	7.5
很满意	3	7.5

(三)领导的教育眼界

长期以来,对于体育课,很多高校领导始终将其视为学生锻炼的一种途径,而并没有将其作为学科来重点发展,没有给予体育发展应有的重视。也正是在这种观念的影响下,高校体育课程教学设施设备非常匮乏,场地不足,迫使体育教师在室外开展相应的体育艺术类项目教学,这对学生的积极性和学习效果造成了直接影响。在开展体育艺术类项目教学方面,领导的态度在其中起着关键作用,领导只有重视起来,对体育艺术类项目教学进行大力改革,投资建设体育艺术类场馆设施和师资队伍,这样才能更好地带动我国各高校体育艺术类项目得以稳步发展。

此外,根据相关调查研究可知,动作难度太高、教学理念过于陈旧、地域文化、课时不足等也对我国高校体育艺术类项目教学的开展造成很大程度的制约。

第二章　体育艺术类项目开展的价值研究

体育艺术类项目有很多,如健美操、体育舞蹈、瑜伽等,大量的研究与实践表明,经常参加这类项目的运动锻炼不仅能有效改善身体素质、完善形体,还能促进人的心理发展,培养良好的修养和气质。由此可见,体育艺术类项目具有多种健身、健心、塑形美体、提高审美的价值。本章就重点研究体育艺术类项目价值的具体体现。

第一节　体育艺术类项目与身心健康

促进人体身心健康的发展是体育艺术类项目的基本价值,与此同时,健身健心也是人们的追求之一。因此,在平时的闲暇时间,多参加一些体育艺术类项目锻炼是非常有必要的。体育艺术类项目的健身、健心价值主要体现在以下两个方面。

一、体育艺术类项目的健身价值

(一)促进身体机能提高的价值

现代健康观念认为,人的"健康"应包括身体健康、心理健康以及社会适应性三个方面,也就是所崇尚的"健康美"。人们要想达到"健康美"的目标,必须具备以下几个条件:第一,一定要有充分的自我认识,能及时、正确地处理日常学习、生活、工作中出现的各种问题。第二,要有良好的心理状态和与人交往的社交能力。第三,在面对突发事件的情况下,要能及时、合理地处理各种问题。

通过参加各种类型的体育艺术类项目锻炼,能达到身体健康的目的,这是这类项目最基本的功能与价值。参加这些项目的运动锻炼,能使人体全身各关节与肌肉共同参与活动,进而促进全身的全面发展。总体而言,体育艺术类项目促进人体健康的价值主要体现在以下五个方面。

1. 提高呼吸系统机能

可以说,绝大多数体育艺术类项目都属于有氧运动,如瑜伽、健美操等,经常参加这些项目的运动锻炼能有效提高运动者的呼吸系统机能,降低呼吸系统发病的概率。

通常情况下,女子的肺活量是 2 500 毫升左右,男子的肺活量是 3 500 毫升左右,而在经常参加运动锻炼的情况下,女子的肺活量可达到 3 500 毫升左右,男子的肺活量可达 4 000～7 000 毫升。由此可见,经常参加运动锻炼能有效提高人体呼吸系统的通气与换气功能,从而改善和提高呼吸系统机能。

健美操运动的练习有利于健全与完善人体的呼吸系统,使呼吸系统的构造和功能向良好方向转变。健美操运动能够使人体的肺组织弹性保持良好的状态,促使胸廓活动范围有所改进,从而加深呼吸时的深度,并随之加大人体的肺活量。大量的运动实践表明,在进行定量的健美操运动过程中,运动者的呼吸功能也可以表现出节省化的现象,能够有效地保持工作能力的持续状态,延缓工作能力下降的时间。呼吸系统储备功能的能力也很大,能够适应各种对呼吸系统要求较高的体育锻炼活动。大量的研究与实践表明,完成一套有氧健美操,平均心率可达 150 次/分钟。健美操运动能刺激内脏器官运动,使氧气摄入量增大,提高呼吸效率,从而增强呼吸系统的功能。[①]

　　2.提高心血管系统机能

　　相关调查与研究发现,在安静状态下,没有经常参加体育运动的人的心率为每分钟 70～80 次,心脏容积为 785 毫升;而经常参加体育运动的人的心率每分钟减少到 50～60 次,心脏容积随之增加到 1 027 毫升。而经常参加大强度运动锻炼的人的心率也会明显增加,最高每分钟会达到 220 次,比不常锻炼的人的心率增加 40 次左右。由此可见,经常参加体育运动锻炼还能有效提高人体心血管系统的机能。体育艺术类项目提高人体心血管系统的机能,具体体现在以下几个方面。

　　(1)经常参加健美操、瑜伽等运动锻炼,能增粗人体的心肌纤维,增强收缩力,同时能够增加每搏输出量,从而促使心脏储备力量的提高。在锻炼的过程中,肌肉的活动量会持续增加,在这样的情况下,心脏的工作量也会增加,进而增加了心脏毛细血管的开放量,促使新陈代谢速度加快。

　　(2)经常参加体育艺术类项目运动锻炼,还在一定程度上增加心肌中蛋白质和糖原储备量,加快增粗心肌纤维与增厚心机壁的速度。因此,经常进行体育艺术类项目练习不仅能够增强心脏的收缩力量,而且还能促进心脏每分钟输出量和每搏输出量的增加。

　　(3)经常参加体育艺术类项目运动锻炼,还能改进血管壁的结构,预防各种心血管疾病的发生,从而保护人体心脏健康。

　　(4)经常参加体育艺术类项目运动锻炼,还能起到保护心脏的作用。人体在安静状态或运动状态下,心脏脉搏频率都不是很高,只有在剧烈活动状态下才会有较为明显的升高,在运动停止后,心脏脉搏频率又会迅速恢复至安静状态时的水平。经常参加体育艺术类项目运动锻炼,有利于增加动脉管壁中膜的厚度,增

　　① 李春明.浅析大众健美操的健身价值[J].经济研究导刊,2011(27).

加弹性纤维的数量,从而增强人体血管的运血功能。

(5)经常参加体育艺术类项目运动锻炼,可有效提高人体的肺泡通气量,增加血液氧含量,从而有效改善和提高人体的心肺功能。

3.提高神经系统功能

在参加体育艺术类项目运动锻炼的过程中,运动者的中枢神经系统具有支配与调节的作用。运动者在节奏强烈的音乐伴奏下,不断变换动作类型、力度、速度等,而富有感染力的音乐则能提高运动者的注意力,根据音乐节奏做出各种快速的反应动作,从而促使运动者的神经系统功能得到提高。

4.改善消化系统功能

经常参加体育艺术类项目锻炼还能有效改善人体的消化系统功能,这主要表现在促进消化吸收和减少消化道疾病两个方面。

首先,人体的肠胃等消化器官都会受到健美操、瑜伽等体育艺术类项目中一些技术动作的影响,这能很好地帮助运动者改善和提高机体的消化功能,促进营养物质的吸收。

其次,适度地进行体育艺术类项目的锻炼还能增加食欲,改善运动者的心理状态,预防消化道等疾病的发生。

5.提高运动系统功能

人体的运动系统主要是由骨、肌肉和关节三部分组成的。体育艺术类项目提高人体运动系统的功能主要表现在以下三个方面。

(1)促进骨骼发育。众所周知,经常参加体育艺术类项目锻炼,还能促进人体新陈代谢速度的加快,改善血液循环,增强人体骨骼的密度,提高人体肌肉抗压缩以及抗扭转的能力。

(2)经常参加健美操、瑜伽、体育舞蹈等项目的练习,还能有效增强人体关节周围肌肉的力量,有利于提高人体肌肉的柔韧和灵活性,从而促使人体关节活动范围不断扩大,除此之外,体育艺术类项目还能消耗人体脂肪,有利于形体的塑造和改变,并提高运动系统功能。

(3)经常参加体育艺术类项目练习还有利于增厚人体关节面的骨密质,促使关节周围的韧带和肌腱的增粗,提高各关节的稳定性,从而有效预防各关节运动损伤。

(二)促进身体素质发展的价值

经常参加体育艺术类项目锻炼,可以有效提高人的身体素质、陶冶情操、锻炼意志等,所以这些项目受到热爱健身的人们的欢迎和喜爱。具体来说,体育艺术类项目对运动者身体素质发展的价值主要表现在以下几个方面。

1.发展动作力量

在大多数体育艺术类项目中,徒手动作是基础动作,需要运动者具备良好的手臂力量。徒手动作综合表现了运动者运动时的力量、弹动力、力度以及活力等。下面以健美操为例说明体育艺术类项目发展人体动作力量的价值与作用。

(1)健美操要求运动者在完成动作时要注意所做动作的力度与力量,并要求将较高的力度感展现在瞬间的控制力量或是短促的肌肉与延续力量中。

(2)健美操的各种动作都具有很强的活力,这可以从不断变化的身体动作、弹性力较强的脚下动作中表现出来。

(3)健美操中的各种动作所展现出来的力量性风格能从人体健康的风采、美的神韵和力的坚韧中综合反映出来。

(4)健美操中的各种动作也有利于运动者个性的发挥,运动者强烈的吸引力、感染力以及自我表现力在健美操中淋漓尽致地表现出来。

综上所述,体育艺术类项目对运动者的肢体动作力量有一定的要求,而且经常参加这些项目的锻炼能有效促进人体不同部位的力量素质的发展。

2.增强肌肉耐力

大量的研究与运动实践证明,经常参加各种形式的体育艺术类项目,如健美操、体育舞蹈、瑜伽等,能使人的骨骼肌形态、结构和功能水平保持在同类人群中的较高水平,经常参加这些项目的锻炼还可以促使骨骼肌发生一系列适应性变化,增强肌肉耐力。下面以健美操为例来说明一下体育艺术类项目增强人体肌肉耐力的作用。

(1)健美操运动可使肌肉体积增大,提高耐力

肌纤维是构成人体肌肉的主要单位。大多数体育艺术类项目都属于一种全身性运动,它对肌纤维的增粗起到积极的促进作用,肌纤维的增粗最终使得整块肌肉体积增大,进而使得该部位的肌肉群也随之增大。另外,体育艺术类运动也对人的耐力有较高的要求,因此,耐力性训练是必不可少的,这种训练可使快肌纤维向慢肌纤维转化,其结果也会使肌肉体积增加。

(2)健美操运动可增强肌肉结缔组织强韧水平

肌肉反复地收缩和牵拉可以促进肌腱和韧带中的细胞增生,同时这一运动过程在进行中还会使肌外膜、肌末膜和肌内膜增厚,抗牵拉强度提高,肌肉基地组织韧度增强,从而提高肌肉抗断能力。健美操运动中的大多数动作都会不断出现和反复,同时有许多动作非常依赖人体爆发力,这些运动特点使得健美操运动对增强肌肉结缔组织的强韧水平有较多的帮助。

(3)健美操运动可改变肌纤维类型和特点

参与健美操运动的人可以在运动中使自身的素质得到锻炼。健美操运动中表现出的力量对抗动作,可使肌纤维得到最大限度的发展,这种力量对快肌纤维的增粗作用明显。而健美操运动中体现出的耐力,可使肌纤维中线粒体数量增加,体积增大。此外,通过健美操运动还能使肌肉中线粒体数量增多,体积增大,研究

证实,肌纤维中的毛细血管在健美操运动中开放的数量为安静时的 20～30 倍,这样可以增强肌肉中的血液循环,有利于肌肉进行长时间的紧张工作。

(4)健美操运动可提高肌群收缩协调性

参与健美操运动的过程中经常会遇到如急转急停、快速起动等技术动作。这些技术通过脚蹬碾和腰腹肌等力量,改变身体位置、方向和速度,然而要想将这些动作做得准确无误,就需要身体各方面完美地协调,这种协调主要是对肌肉收缩协调性的要求,它使原动肌、对抗肌和固定肌共同收缩,相互配合,以确保工作的完成,从而改善和提高了这些肌群的协调性,使肌肉收缩的效率得到充分发挥。

(5)健美操运动可增加肌红蛋白含量、延缓疲劳

经常参加体育艺术类项目的运动锻炼,能在机体内储备足够量的肌糖原,并促使肌红蛋白含量增多,这些都有利于机体肌肉储氧能力的提升。除此之外,在运动过程中还能最大限度地减少乳酸的产生,有利于运动者疲劳的消除。

3. 改善身体的柔韧性

体育艺术类项目基本上都属于有氧运动,如健美操、瑜伽等,经常参加这类项目的练习,有利于运动者身体柔韧性和灵敏性的发展和提高。在体育艺术类项目中,大多数项目都包含跑、跳、转体等动作,这些动作需要人体全身的每个部位协调参与才能完成,因此,经常参加这些项目的锻炼能有效改善人体的柔韧性。

与一般的竞技体育运动项目不同,体育艺术类项目对人体的柔韧性要求较高,大量的屈、展、踢腿、劈腿等动作的完成必须是建立在良好的身体柔韧性基础之上的。因此,为了更好地提高机体的柔韧性,平时要多做一些柔韧素质练习,需要注意的是,练习要循序渐进,依据人体发展的规律和运动技能发展的规律进行,否则就容易导致运动损伤的发生,从而影响整个运动锻炼的计划。

4.全面发展身体素质

经常参加体育艺术类项目练习,不仅能有效改善关节的柔韧度,促进肌肉力量的增强等,还能有效改善和提高运动者的身体力量素质和柔韧素质,促进身体素质的全面发展。

以健美操为例,体育艺术类项目全面发展身体素质的作用在健美操创编中得到了集中的体现。具体来说,在编排健美操各种技术动作的过程中,设计者严格遵循了人体运动的生理规律与机体变化的规律,运动量、运动强度等的安排都是有规律可循的,可供不同年龄、不同性别的人群进行练习,长期练习能有效改善人体各个器官与系统的发展,促进身体健康。

总之,坚持长期参加体育艺术类项目的锻炼,有利于运动者神经系统、运动系统等功能的提高,还能有效改善和提高人体的力量素质、耐力素质、身体协调素质等,因此说体育艺术类项目具有全面发展人体素质的价值。

二、体育艺术类项目的健心价值

经常参加体育艺术类等项目习练,不仅能完善形体,提高体能水平,还能愉悦心理,具有重要的健心价值。

(一)丰富情感

大量的研究与实践证明,经常参加一些体育艺术类项目的习练,如形体训练、健美操、体育舞蹈等不仅能提高人体素质,而且还能丰富运动者的情感,提升其心理品质。

一般来说,体育艺术类项目大都是在一定的音乐伴奏下进行的,这类项目的特点能使得运动者和观赏者共同投入其中,伴随着音乐的进行,体验运动情境的变化,从而引起共鸣。

另外,很多体育艺术类等项目是以集体的形式进行的,在音乐节奏下,运动者共同做出各种动作,不仅能丰富个体的情感,而且还能增加运动者之间的感情,消除不良情绪和行为,提升精神品质。

(二)愉悦心情

现代健康观念认为,一个人的健康不仅包括生理健康,而且还包括心理健康、良好的社会适应性等。由此可见心理健康的重要性。而经常参加一些体育艺术类项目锻炼则能有效地改善人的心理状态,愉悦心情。

在各种体育艺术类项目中,绝大多数都能全方位地锻炼人的形体,塑造良好的形体,使人充满自信。而一个人的情绪则能带动其心理产生愉悦感,使运动者忘记疲劳和伤痛,忘我地参与到运动之中,因此说,体育艺术类项目是一项令人积极向上,充满自信的运动。

在现代社会竞争日益激烈的背景下,人们面临着来自各方面巨大的心理压力,在这样的压力下,人们就产生了各种生理与心理疾病。因此,要想改善人的身体素质,解决不良的心理问题,就必须找到一个合适的解决措施与手段,而大多数体育艺术类项目则都具备这一功能,经常参加这类项目的运动锻炼能极大地改善人的心理,调节人们不好的心情。

首先,体育艺术类项目的技术动作比较优美灵活,运动者参与其中,能感受到心理的愉悦,极大地缓解心理紧张与烦恼情绪,使人从紧张的压力氛围中解救出来,从而保持愉悦的心情与积极向上的活力。

其次,大多数体育艺术类项目都是在音乐伴奏下进行的,而这些美妙的音乐节奏对运动者大脑能产生良好的刺激,能有效缓解精神压力,改善心理,提升精神品质。

(三)抑制不良情绪

在现代社会背景下,人们在各个阶段都会面临着各种各样的压力,可以说压力伴随着人的一生。而大多数体育艺术类项目具有运动量可大可小,简单易学的特点,不同年龄、不同性别、不同阶层的人群都可参与,能使运动者在运动中枢形成强烈的"优势兴奋灶",这种兴奋性能对人体其他中枢产生一定的抑制作用,从而消除心理疲劳和不良情绪,使人以积极饱满的精神状态投入学习、工作和生活之中。

(四)改善精神生活

体育艺术类项目的动作之美、技击之美、形体之美等还能在一定程度上影响着参与者的审美意识和能力,改善人的精神生活。

随着人们物质生活水平的不断提高,人们有了更好的经济条件和更多的余暇时间,在余暇时间里人们越来越倾向于参加一些体育活动,在增强身体素质的同时,还能愉悦心情,丰富精神文化生活。而体育艺术类项目,如健美操、瑜伽等就是这样一种健康的生活方式,通过参与这类运动,能使人的身体健康水平保持在较高的状态下,并促进心理的积极反应,与此同时人的精神生活也会得到丰富与完善,对促进社会主义精神文明建设也具有重要的作用。

第二节　体育艺术类项目与塑形美体

体育艺术类项目对"美"的要求非常之高,这与其自身的内涵与特点是分不开的,经常参加此类项目锻炼,不仅能有效地增强身体素质,而且还能塑造完美的形体,促进运动者的自我完善。

一、体育艺术类项目形体美的类型与标准

（一）体育艺术类项目形体美的类型

1.体能型

体能型的基本特点是身体肌肉较发达，比例协调匀称，从事体育艺术类项目的运动员都具有这种体形，他们的身体看上去非常强壮，但所做的各种动作看起来却比较协调和灵活。

2.力量型

力量型的基本特点是肌纤维粗壮，肌肉发达，线条轮廓非常明显。这突出表现在健美运动中，健美运动员都具有这种体形。一般来说，这一类型运动者的体形都是在专门器械练习下使全身各部肌肉均得到发展而塑造出来的。

3.姿态型

姿态型是姿态美与肉体美的结合，运动员所做的各种动作看起来都是"端庄大方"。要具备这种体形，运动者除了在平时进行各种身体练习外，还要注意自己行为举止的规范和调整，以提高自身的风度。

4.多姿型

多姿型的基本特征是肌肉匀称、发达，线条分明，这种体形大多是通过操化舞蹈动作、轻器械练习来塑造的，这是现代女性所崇尚和追求的一种体形。

5.适应型

适应型是运动者针对自身的身体特点而采取一定的手段与

措施锻炼出来的。这种体形的运动者身体各部分比例比较协调，是当代大众体形健美发展的趋势。

(二)体育艺术类项目形体美的标准

1.形体美的体围标准

在体育艺术类项目中,运动员的形体美是最为基本的标准,而形体美则有一定的体围标准,可以说形体美在很大程度上取决于身体各部位体围的尺寸和相互间的比例(表 2-1)。

表 2-1　强壮、肥胖、消瘦三种形态对照表

强壮者	肥胖者	消瘦者
肌肉发达	肌肉松弛	肌肉干瘦
体形成"V"状	体形成桶状	体形成杆状"I"
脂肪适度	脂肪沉着	脂肪极薄
身高中等	普遍矮胖	普遍较高
体重较重	体重超常	体重很轻
面部轮廓分明	满脸横肉	面如刀削
富于曲线美	臃肿	线条平直
腹肌垒块分明	大腹便便	腹部扁平
腿部坚实有力	腿粗无力	腿细而长
颈肌雄健	颈部短粗	颈部细长
臀翘	臀部松弛	臀小
宽肩	溜肩	窄肩

下面将分别介绍"韦德"健美男学员标准、男子一般健美体围标准和女子一般健美体围标准。一般来说,"韦德"健美学员的标准较高,其标准已达到初级以上健美运动员的基本要求(表 2-2)。

表2-2　"韦德"健美男学员标准①

身高 （厘米）	体重 （千克）	上臂放松围 （厘米）	胸平静围 （厘米）	颈围 （厘米）	腰围 （厘米）	大腿围 （厘米）	小腿围 （厘米）
155	65	39	103	39	71	55	38
160	75	40.5	110	40.5	76	56.5	39.5
165	80	41.5	115	41.5	78.5	58	40
170	85	43	118	42.5	79.5	59.6	40.5
175	90	44.5	121	43	82	62	41.5
180	95	45	124	44.5	83	63.5	42
185	105	45.5	126	45.5	84	65	43

　　男子一般健美体围标准要求较低，特别是身高和体重对应关系偏低，这是考虑我国目前的国情。当前营养状况一般，所以，上述体围标准是一般性的，随着国民经济情况的好转还应制定相应的健美体围标准（表2-3）。

表2-3　男子一般健美体围标准②

身高 （厘米）	体重 （千克）	胸围 （厘米）	扩展胸围 （厘米）	上臂围 （厘米）	大腿围 （厘米）	腰围 （厘米）
153～155	50	94	97	32	45	65
155～157	52	94	98	32	49	65
157～160	54	95	99	33	50	66
160～163	56	95	101	33	51	66
163～166	59	98	102	34	52	68
166～169	61	100	103	34	53	69
169～171	63	100	104	35	53	69
171～174	65	102	105	35	54	70
174～177	67	103	107	36	55	71
177～180	70	103	108	36	55	72
180～183	72	104	109	37	56	72

---

① 舒培华.男子健美入门手册[M].北京:北京体育大学出版社,2003.

② 郭新明.健身健美训练指导[M].北京:人民军医出版社,2004.

女子的体围标准,目前胸围、臀围大体相同,这也是从我国目前女子很少从事肌力训练的现状出发的,今后女子"扩展胸围"这项指标还应有所提高(表 2-4)。

表 2-4　女子一般健美体围标准①

身高(厘米)	体重(千克)	扩展胸围(厘米)	臀围(厘米)	腰围(厘米)
152~154	47.5	88	88	58
154~158	48.5	88	88	58
158~161	50	89	89	59
161~163	51.5	89	89	60
163~166	53	90	90	60
166~169	54.5	90	90	61
169~171	56	92	92	61
171~174	58	92	92	62
174~176	60	94	94	64
176~178	62.5	96	96	66

2.女性形体美的标准

与男性不同,女性在身体结构和生理机能等方面都表现出不同的特征,因此其形体美的标准也是不同的。

(1)匀称丰满并具有女性曲线美

一般来说,美的体形首先是身体各部分比例匀称协调,女性的体形应该是丰满而不肥胖,处处充满着健康美。但总体来说,女性都应该具有一定的曲线美,一般情况下,女性的曲线美主要是通过胸部、腰部、臀部和腿部的和谐曲线来体现的,也就是说女性的四肢必须要修长和协调。

(2)适度的肌肉圆润健康美

女性与男性的生理特点不同,因此女性不可能拥有男性般那

---

① 相建华.健美训练教程[M].北京:人民体育出版社,2003.

样发达的肌肉,女性要有适度的肌肉并显现出圆润的线条,看上去要健康,没有病态,展现出健康美。

(3)端正而优美的姿态、活泼稳重的气质

端庄优美的姿态能使女性显得更加有风度,而稳重、大方的性格和气质,又能使人感到女性的内秀之美。女性要想达到这种优秀的品质,除了进行一些健身健美锻炼外,还要时刻注意自身文化水平和思想修养的培养和提高。

3.男性形体美的标准

健美的体形是男性美的重要标志之一。拥有健美体形的男性应该具有端直的脊柱、宽阔的肩膀、平坦的腹部、协调的四肢等。需要注意的是,男性在进行形体美的训练时,一定要避免偏重身高发展、忽视肌肉和体力的不良倾向。在注重形体美的同时,也要加强肌肉的张力活动,练就一身发达的肌肉。一般来说,男性形体美的标准主要有以下十点。

(1)骨骼发育正常,身体各部分之间的比例协调。

(2)肌肉均衡发达,横纹清晰,圆隆的肌肉富有弹性,而不是僵硬的"死"肌肉。

(3)五官端正并与头部配合协调。

(4)双肩对称,稍宽,看上去协调。

(5)脊柱正视成直线,侧视具有正常的生理曲线。

(6)胸廓宽厚,比例协调,肌肉圆隆,正视呈倒"三角形"。

(7)腰要细而有力,微呈圆柱形,腹部呈扁平,处于放松状态时也有腹肌块隐现。

(8)臀部圆满、鼓实微呈上翘。

(9)下肢修长,无头重脚轻之感,大腿线条柔和,小腿长而腓肠肌位置较高并稍突出。

(10)整体观无粗笨、虚胖、纤细、重心不稳、比例失调、形态异常的感觉。

总体而言,男性形体美主要体现在以下几个方面。

(1)健美的形体

受遗传、环境各方面因素的影响,人的形体都存在着一定的差异,其中性别差异比较明显,并且随着年龄的逐步增长,人的形体也会发生一定的变化。需要注意的是,即使先天的形体条件不是很好,但也可以通过后天的锻炼拥有一副健康、完美的形体。一般来说,男性美的形体主要表现为四肢修长,肢体比例正常、肌肉健壮,肤色正常,肌肤有弹性。

(2)刚健的姿态美

形体美不仅要具有良好的形体,同时还要有良好的姿态,这种姿态美体现在动作姿态和神态中,一个具有良好姿态美的人能使人感受到其中的美。从人的举止中就能看出其文化素养和修养。另外,运动者优美的姿态加上健康的形体,能给人以艺术的享受。总之,通过参加形体训练,能有效改善人的形体条件,塑造完美的形体,使人们充满自信。

(3)潇洒的风度美

形体美不仅仅表现在形体方面,同时对人的精神风貌和道德品质也有着一定的要求。因此,人们在进行形体训练的过程中,还要时刻注意思想修养和艺术修养的培养,可以说内在美和外在美的结合才是真正的形体美。潇洒的风度是人体内在美的外在体现,可以说它是形体美的核心。但是潇洒的风度美也是建立在健康的身体基础之上的,因为健康是形体美的首要条件,只有具备了健康的身体,才能做进一步的练习,才有利于更好地塑造形体。

4.形体美的评价标准

(1)形体美与人体比例标准

人的形体美,不仅仅在于发达的肌肉、优美的身体曲线,而且也表现在身体各部位的匀称度上,也就是说人的形体美与人体各部分的比例有着一定的标准。

一般来说,标准的人体应是身体各部位匀称,身高与体重比例适当,所谓"匀称",是指人体某些"参数"之间成一定的比例。可以说,人体各部位长度、宽度、曲度等与一些数学比值还存在着一些美学关系。据相关研究,下面是一些人体美感的比例尺寸。

发际至鼻根:鼻根至鼻底:鼻底至颏下点＝1∶1∶1

身高:脸长＝8∶1

乳头至脐连线:脸长＝1∶1

腋中线与第一个腰椎体中央交点:脸长＝1∶1

双额角连线:脸长＝1∶2

(2)形体美的外部形态评价标准

一般来说,人的形体美有以下几个标准。

①骨骼发育正常,关节灵活自如,脊柱正位垂直,曲度正常。体态丰满而不显肥胖臃肿,关键是匀称。

②肌肉均衡发达,皮下脂肪适当。

③五官端正,肤色红润,皮肤细腻而有光泽。

④双肩对称,男宽阔,女圆浑。

⑤男性胸廓隆起厚实,从正面和背面看略成"V"形;女性胸部丰满而不下坠,侧视有明显曲线,微挺胸立背。

⑥男性有腹肌垒块隐现,直立时,腰部要上立;女性腰部比胸部略细1/3。

⑦臀部圆满适度,略上翘,有弹性。

⑧两腿修长,腿部线条柔和,小腿肌肉突起,跟腱长;正、侧观看有曲线感,踝细,足弓较高。

(3)形体美的生理指标评价标准

①体格、体形的评价标准

形体美在很大程度上取决于身体各部位体围的尺寸和相互间的比例。

身高——主要反映人体骨骼的发育程度。

体重——反映人体长、宽、围和厚度发育状况的整体重量指标。

胸围——反映胸廓的大小和胸部肌肉与乳房的发育情况,是人体厚度和宽度的最有代表性的测量值,也是身体发育状况的重要指标,胸围与肺活量有关。

腰围——反映一个人的腰背健壮程度和脂肪状况。

上臂围——反映一个人肱三头肌和肱二头肌的发达程度。

大腿围——反映一个人股四头肌及股后肌群的发育状况。

臀围——反映一个人髋部骨骼和肌肉的发育情况。

评价人的体格和体形美就需要以这些生理指标为标准。

②女性形体美的生理指标评价标准

标准体重:标准体重(千克)-[身高(厘米)-100]×0.85。

上下身比例:以肚脐为界,上下身比例应为5∶8,符合黄金分割定律。

胸围应为身高的 1/2。

腰围的标准围度应比胸围小 20 厘米。

臀围应较胸围大 4 厘米。

大腿围应较腰围小 10 厘米。

小腿围应较大腿围小 20 厘米。

足颈围应小于小腿围 10 厘米。

手腕围应较足颈围小 5 厘米。

颈围应等于小腿围。

肩宽:即两肩峰之间的距离,应等于胸围的 1/2 减去 4 厘米。

③男性形体美生理指标评价标准

标准体重:标准体重(千克)-[身高(厘米)-100]×0.9。

身体的中心点应在股骨大转子顶部。

向两侧平伸两臂,两手中指尖的距离应等于身高。

肩宽应等于身高的 1/4。

胸围应等于身高的 1/2 加 5 厘米。

腰围应较胸围小 15 厘米。

髋围应等于身高的 1/2。

大腿围应较腰围小 22.5 厘米。

小腿围应较大腿围小 18 厘米。

足颈围应较小腿围小 12 厘米。

手腕围应较足颈围小 5 厘米。

上臂围应等于大腿围的 1/2。

颈围应等于小腿围。

经过多年的研究,有关专家初步建立了体形评分标准(表 2-5)。

表 2-5 健美体形的评分标准

指数 性别 得分	胸围(厘米)	腰围(厘米)	身高(厘米)	体重(千克)
	男	女	男	女
优秀	30	26	95	100
良好	20	18	100	105
及格	15	14	105	110
不及格	15 以下	14 以下	90 以下 105 以上	95 以下 110 以上

④形体的测量方法

准备一条软尺,把全身重点部位正确地测量出来,加以记录,判断自己的形体。

身高、体重:身高和体重在一天内变化较大,测量的时间应选在早晨起床后,在身体还没活动之前进行测量。

胸围:测量时,身体直立,两臂自然下垂。皮尺前面放在乳头上缘,皮尺后面置于肩胛骨下角处。先测安静时的胸围,再测深吸气时的胸围,最后测深呼气时的胸围。一般成人呼吸差为 6~8 厘米,经常参加锻炼者的呼吸差可达 10 厘米以上。呼吸差可反映呼吸器官的功能。测量未成年女性胸围时,应将皮尺水平放在肩胛骨下角,前方放在乳峰上。测量时不要耸肩,呼气时不要弯腰。

腰围:测量时,身体直立,呼吸保持平稳,两臂自然下垂,不要收腹,皮尺水平放在髋骨上、肋骨下最窄的部位。

臀围:测量时,两腿并拢直立,两臂自然下垂,皮尺水平放在前面的耻骨联合和背后臀大肌最凸处。

手臂:手臂与手腕是比较纤细的部分,上臂围基本上是肘至肩部最粗的部位,比颈围细 4.5 厘米是最理想的状态。

颈围:测量时,身体直立,测量颈的中部最细处。

二、体育艺术类项目塑形美体的价值

(一)降低身体体脂率,使身体更纤细

体育艺术类项目一般都属于有氧健身运动,坚持长期参加锻炼能有效改变运动者的身体成分,改善运动者的体脂率。需要注意的是,运动者身体成分的改变并不是指宏观中的人体成分,而是指运动系统组织的比例成分。人体的运动系统主要由骨骼、肌肉和关节组成,其中骨骼和关节的比重最为稳定,肌肉的比重变化也不十分明显,由此,附着在肌肉上的脂肪就成为影响人体形态的重要因素。因此,现代人都非常注重减脂。

体脂率是评判人体脂肪含量的一个非常重要的标准,一般来说,正常成年人的体脂率分别是男 15%～18%,女 25%～28%。经常参加体育艺术类项目的有氧运动,能明显提高脂肪蛋白酶的活性,充分动员脂肪供能,促进运动中和运动后体内的脂肪分解,增加脂肪利用率,促进肌肉体积增大、力量增加,从而达到健身健美的目的。

大量的研究与实践表明,经常参加一些体育艺术类项目运动锻炼,能促使上臂皮脂、背部皮脂、腹部皮脂的厚度明显减少,肌肉力量也得到明显的提高,最终获得理想的健身健美效果。

人体要想维持正常的发展,适当的脂肪含量是必需的,脂肪可以为人体提供能量的储藏以及起到一定的保温作用,但需要注意的是脂肪含量一定要适当,不能过多或过少。过多的脂肪含量能给人体带来极大的负担,会诱发人体发生各种疾病。而参加各

种形式的体育艺术类项目锻炼则能有效降低人体的体脂率,提高人体素质。

(二)促进骨骼的增长,使身体更挺拔

可以说,骨骼是人体内最坚实的组织,除此之外,骨骼本身也具有一定的弹性,但是这种弹性会随着人的年龄的增加而逐渐减小。骨的表面有一层很薄的结缔组织是骨膜,骨膜下面是一层结构很坚实的骨密质,骨密质愈厚,力量就愈强。骨骼的内部拥有复杂的结构,它里面富含造血细胞、血管与神经。在骨的内层和长骨两端是结构疏松的骨松质,骨松质的形态像海绵状,它由骨小梁纵横交错,按受力方向排列,以保持骨的坚固而又不过重。另外,骨骼还具有自我修复的能力,这就是为什么人在骨折后经过对接还可以痊愈的原因,而且骨折的相同部位甚至比骨折前更加坚硬和结实。

大量的研究与实践表明,经常参加各种形式的体育艺术类项目锻炼,能促使人体骨骼发生以下几种良性变化。

(1)通过各种跳跃、变向等动作练习,不仅能有效促进血液循环,增强新陈代谢,而且还能促使骨的结构与功能发生积极的变化,增强骨的坚固性,更加有利于肌肉和韧带牢固地附着在骨骼上,并提高骨骼的抗压能力。

(2)通过健美操、体育舞蹈、瑜伽等体育艺术类项目的练习,能有效增强人体肌肉的牵拉作用。一般来说,肌肉力量的增加与骨量的增加有着非常密切的关系。当肌肉力量增大,肌肉收缩对骨骼产生的应力刺激可有效提高成骨细胞的活性,这种活性能一直延续到人进入中老年后,因此经常参加各种形式的体育艺术类项目锻炼能降低骨折发生的概率。

(3)经常参加各种形式的体育艺术类项目锻炼,还能促使骨密度增加和骨质的提高。相关研究发现,经常参加健美操、体育舞蹈等项目锻炼的青少年,比不爱运动的同龄人身高平均高几厘米,这是因为骨骼两端有软质的骨骼,这层骺软骨在新陈代谢的

作用下,不断地骨化而变为硬骨,同时又不断增生新的软骨,促进了骨的加长。因此,各种形式的体育艺术类项目对正处在青春发育期的青少年来说具有非常重要的作用。

总的来说,健美操运动科学锻炼,可使运动者的骨骼发育更健康、更结实、增长更快,有助于促进运动者的身高发展,使其身体更挺拔、修长。

(三)塑造良好的体态,使身形更加完美

大部分体育艺术类项目对塑造人的体形都具有良好的效果。如通过参加健美操、瑜伽、体育舞蹈等项目的锻炼,能促使人体骨骼变得粗壮,增加肌肉围度,弥补人体体形的先天性缺陷,使人的身体匀称而健美。除此之外,经常参加体育艺术类项目锻炼还能加快人体内的新陈代谢速度,消耗多余的脂肪,塑造完美的体形。

(1)青少年经常参加各种形式的体育艺术类项目运动锻炼,能养成良好的身体姿态,促进身体的生长发育,同时还能矫正畸形的身体形态。

(2)青年人经常性地参与体育艺术类项目运动锻炼有利于保持健康体质水平,并散发出旺盛的青春活力。

(3)中年人坚持参加体育艺术类项目运动锻炼有利于延缓衰老,调节身心,使身体保持一个良好的状态。

(4)老年人经常参加体育艺术类项目运动锻炼则有利于骨骼的强壮,并增加肌肉弹性,维持良好的形体。

第三节　体育艺术类项目与审美培养

体育艺术类项目,如健美操、瑜伽、体育舞蹈等都有着丰富的审美价值,利用这些项目对学生进行审美培养与教育具有重要的意义。

一、审美培养与教育的作用

（一）审美培养与教育的特点

在体育艺术类项目教学中,对大学生进行审美培养与教育具有非常重要的意义。大学生通过体育艺术类项目的审美教育,不仅可以在运动中锻炼身体,更能在其中陶冶自己的情操,获得心理的愉悦。一般来说,体育艺术类审美教育的特点主要表现在以下几个方面。

1.审美教育的形象性特征

在体育运动中,各种艺术类项目的美是形象的,如健美操、体育舞蹈中的各种动作、姿态等都是以感性的形式表现出来的。因此,这种审美教育就是一种直观的、形象化的教育。通过这种形象化的审美教育,能充分激发出人的审美需求,提高审美能力,陶冶情操。

2.审美教育的愉悦性特征

在平时的生活中都存在着一定的审美活动,而审美活动不是强迫的,是人们自愿进行的。因此,在体育艺术类项目教学中,体育教师要结合专项项目的特点和学生的身心发展特征、学习能力等给予必要的指导,引导学生积极参与到审美培养与教育中,这一过程都是学生自愿的、主动接受的。

3.审美教育的潜移默化性特征

在体育艺术类审美教育中,其作用并不是立刻显现的,而是潜移默化的。因此,体育教师在教学中要注意循序渐进地教学,按部就班地对学生进行审美教育。另外,随着现代体育运动的快速发展,体育运动的娱乐性教育特点愈发突显,在这样的背景下,体育教师要充分遵循"寓教于乐"的观念对学生进行审美教育,以提高学生的审美水平。

(二)审美培养与教育的作用

在体育艺术类项目教学中,对学生进行审美教育是非常重要的,而对学生进行审美教育的作用则主要体现在以下两个方面。

1.提高审美感受力

审美感受力就是指人的审美感官对审美对象进行感知的能力,表现在体育艺术类项目教学中,如健美操,就是指人的审美感官对健美操中的动作、音乐、形体姿态等进行感知与审美的能力。在平时的生活中,人们通过自己的感官能对事物进行一定的感知认识,然后做出一定的心理反应,这是审美感受力的简单表现。众所周知,审美能力的提高是潜移默化的,因此在体育教学中,体育教师要引导学生在做技术动作的过程中,指导其感受具体项目的美,提高自身的审美感受力。

2.提高审美鉴赏力

审美鉴赏力是指人们对美的事物的领悟与评价的能力。一定程度上而言,人的审美鉴赏能力的高低直接决定着审美品质和价值观念。一个具有较高审美鉴赏力的人,通常能发现美,知道美在何处。因此,在体育艺术类项目教学中,体育教师要注意培养和提高学生的审美鉴赏力。

二、体育艺术类项目"美"的内涵

在体育艺术类项目中,每一个项目都有自己的理论基础,运动者在完成各种技术动作时,要求动作准确、大方、美观,另外还要求运动者的姿态、造型等要与音乐相配合,并表现出和谐的美感。因此说,体育艺术类项目与美学之间的关系非常密切。总之,体育艺术类项目本身表现出丰富的美的内涵,主要体现在以下两个方面。

(一)体形美

在体育艺术类项目中,如健美操,其产生最初就是源于人们对形体美的追求,通过健美操习练能完善人的形态,塑造形体美。通过长期的健美操等项目的训练,可以帮助运动者塑造完美的形体。总体而言,美的体形应符合以下几点要求。

(1)五官端正,皮肤细腻有光泽。

(2)双肩对称,女圆浑,男宽阔。

(3)脊柱正视垂直,侧看曲度正常。

(4)臀部比较圆满、富有一定的弹性。

(5)两腿修长,线条比较柔和。

(6)踝细,足弓较高。

(7)关节灵活自然,骨骼均衡发达。

(8)女子胸部丰满而不下垂;男子胸廓隆起厚实。

(9)女子腰细而结实,男子有腹肌垒块。

(二)姿态美

姿态美是指人的坐姿、站姿、走姿等符合人的审美需求,给人带来愉悦的审美享受。一般来说,姿态美对坐姿、站姿、走姿的要求具体见表2-6。

表2-6　姿态美中对坐姿、站姿、走姿的要求

姿态	标准姿态	不良姿态
坐姿	①稳坐、挺背。上体自然挺直,腰背部稍前倾,臀部坐在椅子的中后部 ②并膝。两腿并拢,两脚平行 ③两手放于膝上。肩部放松,两臂屈肘,两手重叠放于膝上,或小臂平放在座椅两侧扶手上	①入座过急,不稳重;落座后或耸拉肩膀或含胸驼背 ②落座后,两腿伸得很直,双手叉于其中,或大分两腿,或斜身倚靠着 ③落座后,跷二郎腿,抖腿

姿态	标准姿态	不良姿态
站姿	①脚跟、小腿、臀、肩胛骨、头在一条直线上 ②目光平视,微收下腭,头部尽量向上顶 ③双臂自然下垂,手指自然伸直 ④脊背挺直,收腹、挺胸 ⑤膝关节伸直,小腿尽量向后靠,双脚略分开 ⑥臀部收紧,微微向后	①站立时拱背,含胸,或斜肩、伸脖、挺髋 ②站立时一条腿支撑着身体,另一条腿在不停地抖动,抄手,歪脖
走姿	①收腹、立腰、提臀 ②起步时为站立时的姿势,从腰部开始移动 ③迈步时,以腰部和髋关节带动大、小腿迈步 ④脚跟先着地,双腿内侧要落在一条直线上 ⑤肩、颈和头放松,保持平直 ⑥肩平:肩部以上的部位始终保持平直 ⑦手臂自然下垂,手指伸直 ⑧摆腰:腰部应向斜前方摆动,左右摆幅成"V"形,腰、臀部左右扭动会给人轻浮感	身体歪斜、重心左右起伏过大、左右脚用力不协调

总之,通过体育艺术类等项目的学练,有助于加快运动者体内的新陈代谢,消耗脂肪,塑造形体,培养运动者完美的身体姿态。

三、体育艺术类项目对人的审美的影响

(一)感知美

人体在做各种动作的过程中,如进行健美操、体育舞蹈等训练,优美的姿态、完善的形体都能给人带来愉悦的享受,这就是人的感知美。

在现代社会中,人们普遍认为个体具有健壮的肌肉、匀称的体形、婀娜的身姿是符合审美需求的,而这一切都能通过健美操、体育舞蹈、瑜伽等体育艺术类项目的训练来获得。

在体育艺术类等项目中,其技术动作不是独立的,都是由一

个个、一套套动作所组成的,而正确、完美地完成这些动作能展现出良好的姿态美、形体美和精神美,体现出人体身与心、健与美的和谐。在做各种技术动作的过程中,人能感受到身体各部位的用力方法、体会不同动作的本体感觉,从而感知到这些项目的动作美、姿态美、形体美等。

参加体育艺术类等项目训练的过程,就是运动者感知美的一个过程,这种美是具有正常审美价值观的人都能感受到的。

(二)鉴赏美

体育艺术类等项目中蕴含着众多美的因素,因此在这些项目的教学中,体育教师应主动引导学生去感受其中的美,提高自己鉴赏美的能力。

在健美操、体育舞蹈等体育艺术类项目教学过程中,让学生感受运动美的同时,还要帮助学生建立正确的审美观念,有意识地提高学生的审美情趣与审美能力。

(三)表现美

美并不是虚幻的,它也是可以把握和表现的。在体育艺术类项目教学中,体育教师应传授给学生丰富的美学理论与知识,指导学生去感受和把握体育艺术类项目的动作美、姿态美、形体美等。

以健美操的造型美为例,健美操动作讲究造型美,如大踢腿,要求肌肉力量大、弹性好,关节韧带的柔韧性强,踢腿时要求动作拉得开,伸得直,坐得稳。可以说,这种美学生可以反复练习而获得。

除此之外,在体育艺术类项目教学中,体育教师还应鼓励学生表现美,通过美的感受,能准确表达出自己内心的情感。或许学生在一开始表现得比较拘束,不能很好地完成教师的要求,但随着技术动作的熟练,就会表现得越来越放松。这时学生就能够充满自信,能准确地掌握各种技术动作,这就是表现美的教育。

(四)创造美

美是需要不断创造的,可以说创新是一切事物保持生命力的灵魂。在现代教育背景下,培养学生的创新能力已成为城市学校教育的重要内容。在当前的体育教学中,都积极鼓励学生主动学习,提高创新意识和创新能力,而对于体育艺术类项目教学而言也是如此。

以体育艺术类项目中的健美操教学为例,在开始阶段,如健美操基本步伐教学,要求学生的下肢动作要与教师的动作保持一致,而上肢动作则自行选择,这种做法就有效激发了学生表现美和求新的欲望,锻炼和提高了自己的创新思维能力。

总之,体育艺术类等项目的教学对学生创造美的能力的培养和提高具有非常重要的作用,各种项目的动作创编、动作的沟通与交流、音乐的编排等都能在一定程度上挖掘学生的创造性思维,提高学生创造美的能力。

(五)气质美

一般来说,一个人气质的形成与其生理特征有着非常密切的关系,但也受到后天因素的影响,这些后天因素主要有自然环境、社会环境、家庭环境、受教育水平等。

气质是一个人的个性特点、风格等的综合表现,反映了一个人的精神层面,以及对生活、工作、学习等的态度,一个具备了良好气质的人总是散发着独特的魅力。

一个人的气质在很大程度上受到身体姿态的影响。在平时的生活中,人们对身体姿态的要求与体育艺术类等项目的要求大体相同。经常参加一些体育艺术类项目运动,如健美操、体育舞蹈、瑜伽等能有效地消耗人体脂肪,促进人体的吸收与平衡,促进人体骨骼的发育,改善不良的身体形态,处处使人散发出迷人的魅力与气质。

综上所述,经常参加体育艺术类项目的练习,能有效完善人的形体,提升人的气质,使人散发出迷人的魅力,另外,还能帮助人们提高表现美和创造美的能力,促进自身与社会的和谐发展。

第三章　体育艺术类项目开展的安全指导

对于体育艺术类项目来说,其也存在着一定的安全隐患,因此,为了保障体育艺术类项目的顺利开展,避免不必要事故的发生,需要对此加强安全方面的指导,这是非常重要且必要的。本章主要从营养、医务以及自我监督三个方面入手,来对体育艺术类项目开展的安全进行科学指导。

第一节　体育艺术类项目开展的营养指导

一、体育艺术类项目开展中营养的意义

人体之所以能够维持正常的生理活动,与必需的营养有着直接的联系。人体需要的营养素有几十种,通常可以将这些营养素分为蛋白质、脂肪、糖、维生素、水、矿物质和膳食纤维这七大类,其中,前六种是人体必需的营养素。人体健康需要这些营养素来做保证。人体这些营养物质的获得途径主要是人的进食,为了保证营养的全面性,需要搭配多种食物来进食,因为任何一种食物中所包含的营养都是片面的,不能满足人体对营养的需求,否则就无法达到"膳食平衡"的目的。另外,还需要强调的是,营养的摄入不仅要求平衡,还要求摄入的量要适宜,如果营养素摄入过多或者不足不仅不会促进身体健康,还会给身体的正常新陈代谢带来损害,有损健康。总的来说,就是不仅要做到营养均衡,还要

做到适宜地摄入人体所需的营养。

合理的营养对于人体的健康是非常有利的,不仅能够对人体的生长发育产生积极的促进作用,而且还能够有效预防疾病,使免疫功能得到增强,提高工作效率和运动能力。如果营养不良或营养不当,就会影响人体的生长发育,使机体免疫力下降,患各种疾病的概率也会大大增加,运动能力也会有所下降。因此,做到膳食平衡是非常重要且必要的。

由此可以看出,对于体育艺术类项目来说,营养的均衡性与适量性也会对其顺利开展产生重要影响,因此,就要求一定要对营养的消耗有所了解,并且针对体育艺术类具体项目来进行相应的补充,从而保证良好的锻炼效果。

二、体育艺术类项目开展的营养消耗

不同营养素都有着其各自不同的营养功能,这些不同的营养功能组合在一起,就会对体育艺术类项目的顺利开展产生积极的推动作用。同时,不同营养素的消耗也会有所差别,要对其进行了解,从而为营养素的补充提供相应的依据。

(一)糖类

人体从膳食中取得热能最经济和最主要的来源就是糖类。糖类所提供的热能占膳食结构热能的 $60\%\sim65\%$。由此可以看出,糖类在人体中的重要性。

1. 糖类的营养功能

第一,糖类能够快速在人体内转化出数量较多的热能。

第二,糖类能够起到良好的保肝解毒作用,这主要使肝糖原贮存充足得到体现。

第三,糖类对蛋白质、脂肪等其他营养素的代谢会起到积极的促进作用,还能与其他营养素结合产生其他具有重要功能的物质。

需要强调的是,如果人体缺乏糖类,或者补充不充分,就会导致生长缓慢、消瘦、低血糖、头晕、无力,甚至休克等症状。但是,如果补充糖类过量,则会导致肥胖、血脂升高。因此,一定要适量补充糖类。

2. 糖类的消耗情况

不管进行什么运动,都需要一定的热能,这对于体育艺术类项目来说也不例外。而糖类则是热能的主要来源之一,糖类在体育艺术类运动项目中的利用程度对运动者的耐久力有着重要的决定性作用。要想取得理想的运动效果,就要求热能必须使运动中机体的需要得到较好的满足,这样才能够顺利完成规定的运动强度。

一般来说,经常参加体育艺术类项目运动的人的热能代谢速度是较快的,由于运动量的骤然增大和常伴有缺氧运动,运动者的热能消耗往往要比一般劳动强度者高很多。

糖类具有耗氧少、易消化的特点,其消耗的主要产物为水和二氧化碳。在体育艺术类项目的运动过程中,人体内的水和二氧化碳会随时被排出,与此同时,还要及时补充水和氧气,从而使人体的正常运行得到保障。

(二)蛋白质

蛋白质是构成人体细胞的主要成分,它是人体维持生命的物质基础。另外,蛋白质不仅是构成和修补人体组织的主要原料,同时,其还是人体肌肉、内脏、皮肤、毛发、大脑、血液、骨骼等组织的组成部分。

1. 蛋白质的营养功能

第一,蛋白质在人体的代谢、更新过程中都有参与。

第二,各种酶和激素能够起到有效调节体内生化反应的作用,使机体正常的免疫功能得到有效的维持。

第三,人体受到外伤后,为了更好地修补损伤的组织,就需要大量的蛋白质。

第四,蛋白质能够使机体内体液的平衡得到较好的维持。

2. 蛋白质的消耗情况

蛋白质食物有着非常强的特别动力作用,过多的蛋白能够有效提高机体的代谢率,同时,还会使水分的需要量有所增加,因此,这就要求在进行体育艺术类项目的运动之前,一定要注意摄入的蛋白质的量要适宜,不能过多。

另外,在进行体育艺术类项目的运动过程中,蛋白质的消耗会有所增加,究其原因,主要是由于体育艺术类项目的运动使器官肥大、酶活性提高、激素调节活跃,从而导致运动者体内蛋白质的分解和合成代谢增加。

(三)脂肪

脂肪是人体的"燃料库",是保持健康体魄的必需物质。

1. 脂肪的营养功能

第一,脂肪是组成人体细胞的重要成分,其对于脂溶性维生素 A、D、E、K 的吸收是有所助益的,从而使人体正常的生理功能得到有效的维持。

第二,体表的脂肪具有隔热保温的作用,能够使体热散失的程度降低,对脏器起到良好的保护作用。

第三,食物中的脂肪能够使食物的美味程度更甚,对人的食欲有重要的激发作用,同时,还能使饱腹感得到良好的维持。

2. 脂肪的消耗情况

脂肪是体育艺术类项目运动中热能的一个重要来源。这就要求在进行体育艺术类项目的运动过程中,适量补充脂肪。究其原因,主要是由于这时候机体内的糖类往往会无法满足体育艺术类项目运动对能量的需要。因此,在进行体育艺术类项目的运动时,应相应地加大脂肪的摄入量,特别是在冬天进行体育艺术类项目的运动锻炼时,更是如此。

(四)维生素

1. 维生素的营养功能

维生素作为人体必需的重要营养素,其总的营养功能主要表现为:调节物质代谢、保障人体生理功能等。维生素可以分为不同的种类,而它们的营养功能也会有所差别。

(1)维生素 A 的营养功能

对于人的正常视力维持有良好的作用。如果缺乏,就会影响感光物质的合成,正常视力在黄昏和光线较暗时就会受影响,这也就是所谓的"夜盲症"。

(2)维生素 B_1 的营养功能

在能量代谢和糖代谢生成 ATP 的过程中所起到的作用是非常重要的。如果缺乏,其代谢物丙酮转化为乳酸,乳酸堆积会导致疲劳产生,对正常神经活动和传导以及消化功能和食欲都产生一定的影响。另外,从相关的研究中发现,维生素 B_1 会直接影响运动员的肌肉耐力。

(3)维生素 C 的营养功能

作为一种重要的抗氧化剂,维生素 C 有着非常重要的功能。大运动量的体育艺术类项目运动会使人体对维生素 C 的代谢进一步加强。在体育艺术类项目运动后进行维生素 C 的补充对于疲劳的减轻、肌肉酸痛的酸解、体能的增强以及保护细胞免于自由基损伤都是有所助益的,但是也需要注意的是,维生素 C 的补充不能过量。

(4)维生素 D 的营养功能

维生素 D 对于钙和磷的吸收利用起到积极的促进作用,同时,其在健骨、健齿方面也有较为显著的作用。

（5）维生素 E 的营养功能

作为重要的抗氧化营养素,维生素的营养功能主要包括消除自由基,减少脂质氧化。从相关的研究中发现,维生素 E 的增强,能够使细胞膜磷脂的氧化得到预防,这对于体育艺术类项目运动期间红细胞完整性的保护也是有利的。在体育艺术类项目的运动后进行维生素 E 的补充,对于最大吸氧量的提高、氧债和血乳酸的减少都是有所助益的。

2. 维生素的消耗情况

在处于运动状态时,运动者体内物质代谢过程会有一定的加强,与此同时,代谢过程中机体对维生素的需要量也会有一定的增加。维生素的需要量不是固定的,运动量、机能状态和营养水平等因素都会在不同程度上影响着维生素的需求量。

在进行体育艺术类项目的运动锻炼时,要以实际情况为依据来对维生素进行适当的补充,这对于运动耐力的提高和运动时间的延长都具有积极的作用和影响。

(五)矿物质

1. 矿物质的营养功能

矿物质所包含的内容比较多,这些内容都有各自的营养功能。

（1）钙

钙能够使骨骼和牙齿增固,使心肌活动和神经系统的正常功能得到有效的维持。另外,钙在维持细胞膜和毛细血管的正常通透性、促进血液凝固以及调节机体各种生理活动方面也具有较为显著的功能。钙是较易缺乏的一种矿物质,需要加强其补充。

（2）铁

铁是一种在人体内的含量最多的必需微量元素。其主要功能为运输氧和二氧化碳,参与组织呼吸,推动生物氧化还原反应,除此之外,还能够使免疫力增强,为机体吸收其他的营养素起到积极的帮助作用。

（3）锌

作为许多金属酶的组成成分或激活剂,锌能够使机体免疫力增强、伤口愈合的速度加快,使夜间视力得到较好的保护以及促进食欲和提高智力。

（4）磷

磷作为构成骨骼和牙齿的主要物质,不仅能够对机体吸收其他的营养素起到积极的促进作用,参与和调节体内生理功能,而且还能够使体内酸碱平衡得到有效的维持,以磷酸高能键的形式参与物质代谢和能量代谢等。

（5）镁

镁不仅是酶的催化剂,而且还能够以磷酸盐和碳酸盐形式组成骨骼和牙齿的虫咬成分,使正常的肌肉和神经系统功能得到有效的维持。

（6）钾和钠

作为细胞内液中的主要阳离子,钾是血液的重要成分,不仅能够使细胞内液酸碱平衡得到有效的维持,还能够参与物质与能量代谢。

作为细胞外液的主要阳离子,钠能够使细胞外液酸碱平衡得到较好的维持,同时,还能对细胞新陈代谢起到良好的调节作用。

2. 矿物质的消耗情况

在体育艺术项目的运动过程中,运动者体内的微量元素与矿物质的代谢都会有一些相应的变化发生。尤其是在进行大运动量的操类运动时,运动者体内矿物质的消耗情况为:尿中钾、磷和氯化钠排出量减少,钙的排出量增加。由此可以看出,运动者对负荷的运动量适应程度会直接影响到体内矿物质的变动幅度。

(六)水

1.水的营养功能

人体中最不可缺少的就是水,人体内的一切化学反应都离不开水。水在人体的很多活动中都有参与,比如,生命必需的各种物质的转运及体内不需要的代谢产物的排除,对体温的调节,对关节、呼吸道以及胃肠道等的润滑作用等。

2.水的消耗

在体育艺术类项目的锻炼过程中,出汗是对水最大的消耗,出汗能够对机体的热量平衡起到积极的调节作用。运动时出汗量是由运动项目、气压、温度、气温、热辐射强度、单位时间运动量及饮食中的含盐量等因素影响的。由此可以看出,要想使影响体育艺术类项目运动的现象得到有效避免,就要在运动过程中,适当地补充水,遵循少量多次的补充原则,使体育艺术类项目运动中机体对水的需求得到较好的满足。

三、体育艺术类项目开展的营养补充

(一)体育艺术类项目中营养补充的原则

为了使体育艺术类项目运动中的营养保持在合理的状态,要求一定要遵循以下原则来补充营养。

1. 全面性原则

只有营养均衡,才能达到膳食营养合理的状态。因此,这就要求日常饮食中要包括人体所需要的七大营养素,这样才能保证人体的正常生理功能得到较好的维持。具体来说,不仅要求各种食物的数量充足,还要求营养素种类齐全、比例合适。

2. 合理性原则

这里所说的合理性原则主要是指饮食制度的合理性。合理的饮食制度,不仅要遵循人体生理活动的基本规律,同时,还要与自身的身体发育、发展和自己的饮食习惯相适应。不合理的饮食制度往往不能使机体对营养和能量的基本需求得到满足,因此,就会造成血糖下降,从而对学习和正常的活动产生不利影响。

3. 互补性原则

由于没有任何一种食物所含的营养使人体得到全面的营养需求,因此,为保证人体代谢功能的正常活动,就需要将几种食物搭配起来进行食用,从而实现营养成分的互补,满足机体的需要。营养成分的互补性要求我们在选择食物时应尽量多样化,充分利用自然界的各种食物,合理搭配,不能长期单吃一类或一种食品。

(二)体育艺术类项目中营养补充的方法

1. 糖类的补充

糖类在自然界分布很广,主要来源于谷类和薯类。糖类的需要量与脂肪的需要量相同,与饮食习惯、生活水平和劳动性质等因素相关。

在进行体育艺术类项目运动过程中,要有针对性地进行糖类的科学补充,从而使机体对能量的需求得到满足,这对于理想体育艺术类项目运动效果的取得具有非常重要的意义。表3-1中显示出了体育艺术类项目运动学练中糖类补充的方法和要求。

表3-1 体育艺术类项目运动过程中补充糖类的方法及要求

	时间	数量	备注
运动前	在大运动负荷前一周或数日内,也可采用在赛前1~4小时	大运动量前数日内按10克/千克补糖;或在赛前1~4小时补糖1~5克/小时	应补充低聚糖,主要以果糖和葡萄糖为宜

	时间	数量	备注
运动中	每隔 20 分钟补糖一次，少量多次饮用含糖饮料	一般不大于 60 克/小时或 1.0 克/分钟	
运动后	理想的是在运动后即刻、运动后 2 小时内以及每隔 1～2 小时连续补糖	0.75～1.0 克/千克体重，24 小时内补糖总量达到 9～16 克/千克	开始补糖时间越早，效果越好

2. 蛋白质的补充

膳食中蛋白质来源是植物性食物和动物性食物。动物性食物蛋白质要优于植物性食物。表 3-2 是常见食物中蛋白质的含量，可以作为蛋白质补充的重要依据。蛋白质的供给量与膳食蛋白质的质量有着密切的联系。中国膳食以植物性食物为主，蛋白质质量较差，供给量需要定为每日 1.0～1.2 克/千克体重。

表 3-2　常见食物中蛋白质的含量（每 100 克）

食物名称	蛋白质（克）	食物名称	蛋白质（克）	食物名称	蛋白质（克）
黄豆	35.1	鲤鱼	17.6	马铃薯	2.0
绿豆	21.6	河虾	16.4	豆浆	1.8
羊肉（瘦）	20.5	鸭	15.5	胡萝卜	1.4
猪肉（瘦）	20.3	黄鳝	15.4	大白菜	1.3
小豆（赤）	20.2	猪肉（肥，瘦）	13.2	芹菜（茎）	1.2
牛肉（瘦）	20.2	鸡蛋（白皮）	12.7	甘薯	1.1
青鱼	20.1	小麦粉（标准粉）	11.2	枣（鲜）	1.1
兔肉	19.7	挂面（标准粉）	10.1	杏	0.9
猪肝	19.3	稻米（籼，标二）	9.5	芹菜	0.8
鸡	19.3	方便面	9.5	黄瓜	0.8
羊肉（肥，瘦）	19.0	玉米（白）	8.8	橙	0.8
海鳗	18.8	稻米（粳，标二）	8.0	南瓜	0.7
鲳鱼	18.5	枣（干）	3.2	柑	0.7
牛肉（肥，瘦）	18.1	牛乳	3.0	葡萄	0.5
鲢鱼	17.8	豆角	2.5	梨	0.4
带鱼	17.7	韭菜	2.4	苹果	0.2

长时间进行体育艺术类项目运动或比赛的人,当食糖和/或能量摄入充足时,每日蛋白质的正常需要量是 1.0～1.8 克/千克体重。随着运动水平的不断提高,机体对蛋白质的需求量也会有所增加。如果连续数天大负荷进行长时间的体育艺术类项目的运动锻炼,即使每日补充的蛋白质为 1.0 克/千克体重,身体仍然出现负氮平衡,由此可以看出,体内蛋白质分解要比补充的多一些;但是,如果以 1.5 克/千克体重摄入蛋白质时,身体就会处于正氮平衡。因此,这就要求以体育艺术类项目运动的时间和负荷量为主要依据,来调整蛋白质的摄入量,从而使机体对蛋白质的需求得到满足。

3. 脂肪的补充

植物油、油料作物种子及动物性食物是脂肪的主要食物来源。脂肪的需要量受饮食习惯、季节和气候的影响,变动范围较大,尤其是脂肪在体内供给的能量,也可由糖类来供给。我国营养学会建议膳食脂肪供给量不宜超过总能量的 30%,其中饱和、单不饱和、多不饱和脂肪酸的比例应为 1:1:1。亚油酸提供的能量能达到总能量的 1%～2% 即可满足人体对必需脂肪酸的需要。

如果长时间进行体育艺术类项目的运动锻炼,并且氧充足,那么,这时候脂肪就能够为其提供能量。通常情况下,在运动强度小于最大耗氧量 55% 时,脂肪酸才能氧化供能。由于体育艺术类项目的运动强度较大,如果进行长时间的训练或者比赛的话,就会在一定程度上依赖脂肪的供能。如果长时间进行体育艺术类项目的运动锻炼,那么,就会减少体内三酰甘油和低密度脂蛋白胆固醇,但高密度脂蛋白胆固醇增多,这对于动脉硬化及冠心病等的预防和治疗是有所助益的。除此之外,长时间的体育艺术类项目的运动锻炼,在脂肪组织中的脂肪酸游离出来参与供能,以及运动造成的机体热量负平衡等方面,都能起到非常积极的推动作用。另外,在运动者体内脂肪的减少方面,进行科学合理的脂肪补充,对于运动者体内脂肪减少方面也有着积极的补充作用。

4. 维生素的补充

不同维生素的食物来源和需求量都会有所不同。比如,维生素 A 主要来源于动物肝脏、深黄色或深绿色蔬菜、红黄色水果、蛋黄等,一般成年人及儿童 0.6 毫克/天;维生素 B_1 主要存在于豆类、花生、瘦猪肉、动物肝脏等物质中,一般成年人 1.2～2.0 微克/天;维生素 C 主要含在植物性食物中,几乎所有的蔬菜水果都有;维生素 D 主要来源于鱼肝油、强化奶等,儿童供给量 10 微克/天,成人 5 微克/天;维生素 E 主要来源于植物油、全粉谷物制品、禽蛋肉奶、绿叶蔬菜等,一般人日供给量为 10～12 毫克。

由此,就要求以运动者的运动情况以及对营养的不同需求为依据来对缺乏的维生素进行相应的补充。另外,要注意补充量要适宜。

(1)体育艺术类项目的运动锻炼能够使水溶性维生素从汗、尿排泄,尤其是维生素 C 排泄的速度进一步加快。因此,这就要求对维生素 C 的补充要引起重视。

(2)进行体育艺术类项目的运动锻炼时,会使机体的能量消耗进一步加大,使物质能量代谢过程速度加快,与此同时,对于各组织更新的加快,维生素利用和消耗的增多具有积极的促进作用。因此,这就要求有针对性地补充维生素。

(3)体育艺术类项目的运动锻炼能够使线粒体的数量和体积进一步增大,酶和功能蛋白质数量增多,从而进一步增加参与这些物质更新的维生素的需要量。因此,这也是适宜补充维生素的重要原因所在。

5. 矿物质的补充

不同矿物质的来源和需求量会有所不同。对这方面的了解能够为矿物质的补充提供良好的依据。具体来说,奶及其制品,绿叶蔬菜、虾皮、豆类、海带等是钙的主要来源,成年人的供给量为0.6克/日,儿童、少年、孕妇和老年人供给量应稍高一些;富含铁的食物主要有肝脏、瘦肉、豆类、蛋类、绿色蔬菜等;肉类、蛋类等是锌含量较高的食物,一般成人的供给量为每日15.5毫克或每公斤体重0.3毫克;磷主要来源于瘦肉、鱼、虾、蛋、奶、豆类、蔬菜、杏仁等食物中,一般磷与钙的摄入比例为1∶1.5～2;镁主要来源于植物性食物全粉谷物、豆类、蔬菜及海产品;香蕉、橘子、土豆等是钾的主要来源,都是丰富的钾源,钾的需求量大约为每日2.5克。在天热、运动等大量出汗的情况下,失钠较多,需要额外补充,一般的,排汗1升,约补钠3克,浓度以0.3%为宜。

在进行完体育艺术类项目的运动锻炼之后,一定要多食用含矿物质丰富的植物和水果,这是非常有必要的,究其原因,主要是由于这样能够使机体对各种矿物质的需求得到满足。另外,机体对矿物质的需求还要求其具有多样性的种类,因此,在补充矿物质时,应该遵循矿物质补充的平衡性原则,补充多种矿物质,这样不仅能达到较为理想的矿物质补充效果,而且还能够在一定程度上提高运动能力。另外,还需要强调的是,要补充矿物质,并不是一时就能做到的,需要坚持不懈的精神。

6. 水的补充

要以排出水量为依据来决定人体的需水量并进行相应的补充。通常情况下,正常成年人以每日每千克体重供水40毫升为宜,即每天2 500毫升左右(表3-3)。具体的水的吸收和排出受到很多因素的影响,比如,较为主要的有饮食状况、生活环境、劳动强度等。高温、运动等出汗多时,供水量应相应增加。水的来源包括直接饮入的液体,食物中含有的水分,以及蛋白质、脂肪和糖在体内代谢产生的水分。

表 3-3　青年人每天水代谢情况

	摄入与排出	每天的毫升数
摄入	固体食物中的水	1 115
	饮水	1 180
	代谢水	279
	总摄入	2 574
排出	尿液	1 125
	粪便中的水	56
	从肺及皮肤蒸发的水	1 214
	总排出	2 565
水平衡		＋9

在体育艺术类项目的运动过程中,为了预防失水,可以采取少量多次补充的饮水方法,一般的,间隔 15～20 分钟喝 200～300 毫升饮料最为适宜。另外,由于接近血浆渗透压的淡盐水或运动饮料是最好的补液,将水温保持在 8℃～14℃再进行水分的补充往往能够取得理想的补水效果。

第二节　体育艺术类项目开展的医务指导

一、体育艺术类项目开展过程中疲劳的消除

(一)运动性疲劳的概念与分类

所谓的运动性疲劳,就是运动持续一段时间后,机体不能维持原强度工作。

运动性疲劳的研究,不仅涉及运动生理学和生物学的重要研究领域,而且还涉及运动生理学、运动医学以及精神病学和社会

学等学科,由此可以得出,运动性疲劳的分类标准是非常复杂的。运动性疲劳的分类方法,目前仍无统一规定和公认的标准。下面就对几种较为常见的分类方法进行介绍。

1. 根据身体各器官分类

按照这一分类标准,可以将运动性疲劳分为三大类,即心血管疲劳、骨骼肌疲劳、呼吸系统疲劳。

2. 根据疲劳发生的部位分类

按照这一分类标准,可以将运动性疲劳分为三大类,即内脏疲劳、中枢疲劳和外周疲劳。

3. 根据疲劳的恢复时间分类

按照这一分类标准,可以将运动性疲劳分为两大类,即急性疲劳和慢性疲劳。

4. 根据身体整体和局部分类

按照这一分类标准,可以将运动性疲劳分为两大类,即整体疲劳和局部疲劳。

5. 根据疲劳发生的性质分类

按照这一分类标准,可以将运动性疲劳分为三大类,即生理性疲劳、病理性疲劳以及心理性疲劳。

6. 根据疲劳发生的生理学和心理学分类

按照这一分类标准,可以将运动性疲劳分为四大类,即脑力性疲劳、感觉性疲劳、情绪性疲劳、体力性疲劳。

7. 根据机体对不同频率电刺激的应答情况分类

按照这一分类标准,可以将运动性疲劳划分为两大类,即高频率疲劳和低频率疲劳。

(二)运动性疲劳产生的原因

导致运动性疲劳产生的因素有很多,其中,较为主要的有:第一,体内能源物质消耗过多会引起疲劳;第二,肌肉运动收缩时产生的某些代谢产物的积聚会引起疲劳;第三,长时间运动时出汗过多,体内水、盐代谢紊乱及内环境稳定性失调等也会引起疲劳。

另外,根据相关研究得知,运动性疲劳是一个综合性的复杂过程,它与人体多方面的因素及生理变化有关。具体来说,主要包括三个方面:第一,是运动能力与身体素质的变化;第二,是体内能源贮备的减少和身体各器官功能的降低;第三,是精神意志方面的因素。

(三)体育艺术类项目中运动性疲劳的消除

在体育艺术类项目的运动锻炼过程中,可以通过很多种方法来消除运动性疲劳,其中,最主要的有劳逸结合、物理措施、营养补充以及其他方法,具体如下。

1. 劳逸结合

劳逸结合的具体方式主要有以下几种。

(1)放松活动。通过放松活动,能够使神经系统、呼吸系统、心血管系统和内分泌系统等从适应剧烈运动的状态逐渐过渡到安静状态,除此之外,还能对肌肉放松起到积极的促进作用,从而取得理想的消除运动疲劳、促进体力恢复的显著效果。常用的放松活动的形式有慢跑和呼吸体操以及肌肉、韧带拉伸等放松练习。

(2)整理活动。整理活动包含的内容主要有慢跑、呼吸体操及各肌群的伸展练习等活动。在体育艺术类项目的运动后做伸展练习,不但能够有效消除肌肉痉挛,而且还能有效改善肌肉血液循环,除此之外,其对运动损伤也有积极的预防作用,意义重大。

（3）活动性休息。慢跑、散步、变换活动部位的其他形式的轻微运动等都属于活动性休息的内容，其往往在整理活动之后进行，通过活动性休息，能够对全身血液循环以及乳酸的消除产生积极的影响。

（4）消除肌肉迟发性酸痛的持续静力牵张练习。从相关的研究中发现，进行牵拉前后肌电图测定，可以发现牵拉开始时肌肉放电显著，由此可以表明肌肉疲劳后处于痉挛状态。当牵拉至适宜限度，则出现电静息状态，从而起到良好的缓解痉挛的效果。

（5）睡眠。睡眠是一种恢复体力、消除疲劳非常有效的方法。究其原因，主要是由于睡眠时人体器官、系统活动下降到最低水平，物质代谢减弱，能量消耗仅维持到最低水平，这时合成代谢有所加强，运动时消耗的能源物质逐渐得到恢复。同时，睡眠对大脑皮质细胞来说也是一种保护。因此，这就要求在进行体育艺术类项目的运动锻炼时，一定要合理安排作息时间，保证充分的睡眠时间和良好的睡眠质量。

（6）心理恢复放松训练。放松训练、自我暗示、生物反馈、气功等手段是体育艺术类运动者进行自我恢复的常用手段，具体要根据实际情况加以选用。

2. 物理措施

用于消除体育艺术类项目运动中的疲劳的物理措施主要有温水浴、蒸气浴、桑拿浴、脉冲式水力按摩浴，涡流浴、吸氧、空气负离子疗法、体外反搏，理疗、针灸疗法、拔罐疗法以及音乐疗法等，具体要根据实际情况加以选用。

3. 营养补充

能源物质的大量消耗也是导致运动性疲劳产生的一个重要原因，因此，要想使机体的机能得到尽快的恢复，适当地补充营养也是重要的方式之一。

在体育艺术类项目的运动中和运动后要大量补充糖,这样才能有效补充运动中所消耗的糖原;大运动量、大强度运动训练时要注意补充适量的蛋白质,尤其是必须有氨基酸的补充;体育艺术类项目运动过程中的大量出汗会导致大量的水分和电解质丢失,因此,还需要补充足够的水分和无机盐;如果缺乏维生素,会影响运动者的运动能力,因此维生素,尤其是维生素 B_1、维生素 B_2、维生素 B_6、维生素 C、维生素 E 的补充是非常重要的,但是要注意补充的量要适宜。

4. 其他方法

除了以上这些较为有效的消除疲劳的方法外,还有按摩、药物疗法以及心理疗法等。其中,按摩能够使体育艺术类项目运动者的血液循环得到有效调节,心血管功能增强,大脑的疲劳与紧张得以消除,同时,还能使由运动性疲劳造成的免疫功能下降的状况得到有效改善。需要强调的是,不同的疲劳程度按摩的时间也会有所差别。

对体育艺术类项目运动中的运动性疲劳进行药物疗法时,通常采用的药物主要有两种,即天氢氨酸盐和中草药。

心理疗法能减轻紧张情绪,放松肌肉,从而起到良好的消除疲劳和延迟疲劳的效果。其中,自我调整、放松训练、心理调整和气功等是最主要的几种具体方式。

二、体育艺术类项目开展过程中常见损伤的处理

在体育艺术类项目开展过程中,往往会由于安全意识较差、准备活动不充分、运动水平有限、运动状态不佳、周围环境不利于运动的开展等原因,而导致一些运动损伤发生,这对于运动者的健康和运动能力都会产生不利的影响。下面就对体育艺术类项目开展过程中经常出现的一些运动损伤的发生原因与症状进行深入的分析,同时,提出相应的处理和预防措施,从而使今后体育

艺术类项目开展过程中运动损伤的概率能够有效降低,保证运动的安全性。

(一)踝关节扭伤

关节韧带损伤率最高的当属踝关节扭伤,这在体育艺术类项目中也是最为常见的运动损伤之一,要引起重视并及时进行诊治,否则,往往会导致反复扭伤和习惯性扭伤的发生。如果脚踝力量差,踝关节活动范围小,那么往往就会导致踝关节扭伤的发生。

1.踝关节扭伤的发生机制与症状表现

踝关节韧带损伤往往是由踝关节过度内翻、外翻等造成的。一般的,如果扭伤较轻,则主要表现为韧带附着处骨膜撕裂;如果伤情较重,则会表现出韧带纤维部分撕裂;如果伤情非常严重,往往就会有韧带完全断裂,或伴有撕脱骨折或距骨半脱位的症状。

踝关节损伤后踝关节外侧或内侧疼痛,走路及活动关节时最明显。踝关节局部有明显压痛,外侧或内侧出现迅速的局部肿胀,并逐渐蔓延至踝前部及足背,将会出现皮下瘀痕,以伤后 2～3 天最明显。

2.踝关节扭伤的处理措施

要注意发生踝关节扭伤后,不能随意转动踝部,否则损伤的程度会进一步增加。如果没有骨折,立即冷敷,加压包扎,抬高患肢,并适当固定休息,外敷伤药。固定时应将损伤韧带置于松弛位。受伤 24～48 小时后,在踝关节周围轻轻地进行推拿按摩治疗。在解除固定后,可在医生和教练的指导下进行功能恢复锻炼。

3.踝关节扭伤的预防措施

第一,平时要进行负重提踵,拉伸练习、足尖走路等一些足踝部肌肉力量和踝关节的稳定性、协调性的练习。

第二,在参与体育艺术类项目的运动锻炼或比赛前应做好准备活动,完善场地设施,培养和提高自我保护的能力。

(二)腘肿肌拉伤

1.腘肿肌拉伤的发生机制与症状表现

肌肉在做猛烈收缩和被动牵拉时,其力量超过了肌肉本身所承担的拉力或肌肉用力牵引时超过了肌肉本身特有的伸展程度,从而引起拉伤。而导致腘肿肌拉伤的原因主要为大踢腿和躯体分腿跳。

轻度拉伤的症状:少数的肌纤维被拉长和撕裂,而周围的筋膜完好无损。运动时感到疼痛,运动不受影响。

重度拉伤的症状:较多数量的肌纤维断裂,筋膜可能有撕裂。伤处常可摸到肌肉与肌腱连接处略有缺失和下陷的感觉。在撕裂处周围由于出血,可能发生水肿。肌肉完全被撕裂,基本上不能再运动。

2.腘肿肌拉伤的处理措施

伤情较轻的话,应立即给予冷敷,局部加压包扎,并抬高患肢,外敷中草药。

对于肌肉大部分或者完全断裂者,在加压包扎后立即去医院进行手术缝合。

3.腘肿肌拉伤的预防措施

第一,在进行体育艺术类运动之前要做好充分的准备活动,将腘肿肌的拉伸练习做充分,切忌用力过猛。

第二,在进行体育艺术类运动锻炼时,要注意观察肌肉的反应,要避免在肌肉一直处于僵硬状态时进行运动,否则极容易受伤。

第三,肌肉拉伤后重新训练时要严格遵循循序渐进的原则,切勿操之过急,并要加强局部保护,从而使再度拉伤得到有效避免。

第四,平时对大腿屈肌群的力量和柔韧练习要加强,从而保证伸屈肌群力量的平衡性和协调性,尽可能避免损伤的发生。

(三)韧带损伤

1.韧带损伤的发生机制与症状表现

用力过大、过度牵伸而导致不同程度的韧带纤维附着处的断裂,这就是所谓的韧带损伤。肩关节、腕关节、髋关节、膝关节和踝关节,是体育艺术类项目中发生韧带损伤概率较大的部位。

一般的,如果伤情较轻,往往会表现出韧带有小部分被拉长或拉断,产生轻微的疼痛和局部水肿的症状;如果伤情为中度,则会表现出大量的韧带纤维被撕裂和分离,有一定程度的功能丧失,有明显的疼痛、水肿,可能发生肌肉僵硬等症状;如果伤情较重,在进行动力性力量类难度和柔韧类难度的时候,韧带过度牵伸超过极限,韧带完全撕裂和分离,并完全丧失其功能,由于神经可能受损,疼痛很快会消失,伴有严重的水肿。

2.韧带损伤的处理措施

轻度韧带损伤的处理:止痛与加快消肿。进行局部冷敷、加压包扎、抬高伤肢24～48小时后对受伤部位周围进行热敷或按摩。

中度韧带损伤的处理:关键是制动,使韧带处在避免牵拉的位置,以便加速愈合。一般早期手术修补者经过6～8周才能完成良好的愈合。损伤2～3周时瘀血、肿胀基本消退,关节稳定,无疼痛感,但是韧带并不如受伤前有力。此时进行运动和训练很容易引起韧带再次断裂。

重度韧带损伤的处理:应在损伤早期通过手术将韧带断端良

好对合,以确保其愈合。

3.韧带损伤的预防

第一,要有所侧重地加强踝关节、腕关节和膝关节等周围的肌肉力量的练习和关节活动范围练习。

第二,在进行难度动作练习时,可以用保护带、护腕、护踝等进行保护帮助。

第三,运动前做好充分的准备活动,牵拉需要练习的肌肉与韧带,加强练习环节所有肌肉与韧带的弹性。

(四)腰背肌劳损

1.腰背肌劳损的发生机制与症状表现

在体育艺术类项目的运动中,练习者的腰肌劳损主要是由于其身体姿势长期不良,或者跳跃类难度落地时后仰,人体的竖脊肌以及深部的小肌肉就会长时间地连续收缩,出现肌细胞内的代谢紊乱,形成无菌性炎症,引起腰痛而导致的。除此之外,急性腰背扭伤后没有及时有效地治疗,造成韧带、筋膜与肌肉的反复性损伤,也会导致慢性的腰背肌劳损的形成。

损伤发生后,往往会表现出腰部酸痛,弯腰较困难,劳累、久站以及过度训练时疼痛会增加;休息后酸痛会缓解,适当活动或变换体位可缓解腰痛。除此之外,腰部外观多无异常,有时出现生理性前屈变浅。

2.腰背肌劳损的处理措施

急性损伤发生3～4周内要休息调整,不能继续参加大强度的运动,从而使急性损伤转化成劳损得到有效避免。如果有必要,还可以与热疗、按摩等物理手段配合使用,以达到良好放松腰背部肌肉,促进血液和淋巴液循环,减少疼痛的目的。

3.腰背肌劳损的预防措施

第一,要对不正确的训练、习惯和体位及时进行纠正,从而长期使腰背肌处于紧张状态的前屈活动得到有效避免。

第二,要平时坚持腰腹肌力量练习,练习中注意向心收缩练习与离心收缩练习有机结合起来。

第三,运动结束后要做腰部肌肉的牵伸动作,使腰部得到有效的放松。

第四,在进行难度动作练习的时候一定要保证动作的规范性,尤其是在完成下肢负重练习时,注意挺胸、收腹、立腰;练习跳跃难度时,要使由于身体过早展开而造成后仰落地的现象得到有效避免。

第五,在风寒、潮湿、阴冷环境一定要做好保暖除湿工作。

(五)肌肉痉挛

肌肉痉挛,俗称抽筋,是肌肉持续不自主的强直收缩。体育艺术类项目的运动员在进行难度训练和力量练习的时候较易出现肌肉痉挛。

1.肌肉痉挛的发生机制与症状表现

一般的,导致肌肉痉挛的原因主要有:天气炎热或进行长时间剧烈活动;肌肉快速地连续收缩,放松的时间太短;肌肉疲劳或者有轻微损伤。

损伤发生后,往往会表现为局部肌肉坚硬或隆起,发生持续不自主的强直收缩,会剧烈疼痛,且短时间不易缓解。

2.肌肉痉挛的处理措施

治疗肌肉痉挛的比较常用方法是缓慢而持续地牵拉痉挛肌肉,使之放松并拉长。持续强直收缩后可以进行适当的按摩,如重推、揉、揉捏、按压,以促使痉挛解除。

3.肌肉痉挛的预防措施

第一,在运动之前一定要做好充分的准备活动和拉伸练习。

第二,在寒冷环境下进行运动锻炼,一定要做好保暖工作,而在夏季锻炼则要做好适当补充淡盐水及维生素 B_1 等的营养补充工作。

第三,要对运动负荷进行科学合理的安排,防止过度疲劳。

(六)腱鞘炎

1.腱鞘炎的发生机制与症状表现

腱鞘炎,往往就是由于肌腱和腱鞘间长期、快速、用力的摩擦,会使两者发生损伤和水肿引起的炎症。如果不及时治疗,就会有发展成永久性活动不便的可能。对于体育艺术类项目的运动者来说,要做大量高强度的俯撑类动作,如没有注意手指的缓冲动作,会使手掌直接冲撞地面,使腕关节处于过度屈伸状态,就更容易发生手腕部位的腱鞘炎。

一般地,腱鞘炎起病缓慢,最开始往往会表现出早晨起床时,手腕部位发僵、疼痛的症状,但是活动开以后症状可以逐渐消失。以后发展到持续的疼痛,严重的时候会伴有弹响或闭锁,如果按压患处会有明显的疼痛。

2.腱鞘炎的处理措施

在损伤的初期,要注意腕关节休息,制动、理疗直到症状消失,从而使转变为慢性的情况得到有效避免。疼痛剧烈并伴有肿胀时,可冰块冷敷或外敷伤药消肿止痛。急性期过后伤处外敷腱鞘炎,也可采用热敷或中药熏洗,每日 $1\sim2$ 次。在热敷或熏洗的同时做关节伸展运动,并配合按摩效果更好。如果是病史长,腱鞘增厚而较严重者,就需要进行手术治疗,以免进一步加重病情。

3.腱鞘炎的预防措施

要想有效预防腱鞘炎的发生,就必须做到合理安排训练,注意落地时手指的缓冲动作,禁止无缓冲的掌跟着地,这是预防措施中最关键的部分。除此之外,还要注意在进行体育艺术类项目的运动前后做好充分的热身活动,保证姿态的正确性,使关节的过度劳损得到有效避免,定时休息。在有条件的情况下运动后配合按摩和热敷,起到一定的辅助作用。

(七)胫腓骨疲劳性骨膜炎

1.胫腓骨疲劳性骨膜炎的发生机制与症状表现

在体育艺术类项目中,胫腓骨疲劳性骨膜炎是初学者发病率较高的一种运动损伤。究其原因,主要是由于体育艺术类运动需要不停地进行脚踝的弹动和跳跃动作,这样就会使胫腓骨受到剧烈的冲撞,导致骨膜反复受到牵拉,刺激骨膜引发非细菌性炎症。除此之外,导致胫腓骨疲劳性骨膜炎的原因还有过度疲劳,腿部肌肉、肌腱僵硬,天气较冷以及没有做好充分的准备活动等。损伤发生后,往往会表现出疼痛、明显压痛、骨膜下水肿等症状。

2.胫腓骨疲劳性骨膜炎的处理措施

第一,要停止大运动量的练习,使下肢步法和跳跃类难度练习尽可能得到避免,休息几天,症状就会有所缓解。

第二,每天用 40℃～50℃ 的温水浸泡患处半小时,或用热水袋、热毛巾局部热敷,并用绷带将小腿下部包扎起来,促进血液循环,加快渗出物的吸收。

第三,如果病情较为严重,就需要完全休息,待彻底治愈后再进行锻炼。

3.胫腓骨疲劳性骨膜炎的预防措施

第一,要注意选择适宜的运动强度,从而使过度疲劳时进行的基本步法和跳跃类练习得到有效避免。

第二,学会并做好相应的缓冲动作,落地时应注意脚踝与膝盖的缓冲动作,从而使与地面的直接冲撞有所减小。

第三,在运动前有重点地对下肢的肌肉和肌腱进行充分的热身运动。

第四,不要在坚硬的场地上进行训练与长时间的体育艺术类运动锻炼。

第三节　体育艺术类项目开展的自我监督

运动者对自身的健康状况、身体反应、功能状况等进行自我观察和检查的方法,就是所谓的自我监督。自我监督对于运动者来说,有着非常重要的意义,具体来说,能够对运动量大小做出间接评定,从而合理安排运动负荷,进而使运动性损伤和运动性疾病的发生概率大大降低。一般来说,体育艺术类项目开展的自我监督主要包括两个方面,即主观感受和客观感受,具体如下。

一、主观感觉

对于体育艺术类项目来说,运动者的主观感受主要包括运动心情、精神状态、食欲、睡眠以及出汗量这几个方面。

(一)运动心情

通常情况下,可以将运动心情分为三种类型,即渴望锻炼、愿意锻炼、不愿意锻炼,有无运动锻炼欲望往往就能够从运动心情上得到体现。比如,有运动锻炼的欲望,就说明身体的机能状况良好。一般来说,身体机能正常时,机体往往会表现出精神饱满,体力充沛,渴望参与运动锻炼的状态;而如果健康状况不佳或过度锻炼时,往往就会表现出心情不佳、厌烦情绪等。

(二)精神状态

体育艺术类项目运动者的精神状态包括两个方面：一个是正常感觉，其主要表现为运动后疲劳消除较快，功能恢复较快，精神饱满，无全身不适感；另一个是不良感觉，则主要表现为运动后四肢无力、肌肉酸痛、关节疼痛、头痛、恶心，甚至呕吐、头晕、气喘、心前区憋闷、上腹部疼痛等，这往往也在一定程度上反映出了身体健康状况不良或运动量过大。

(三)食欲

食欲的好坏能够在一定程度上将中枢神经系统是否疲劳反映出来。一般地，如果体育艺术类项目的运动锻炼较为适当，在运动锻炼后往往表现为能量消耗大，食欲良好，想进食，食量大；而如果运动锻炼过度，在运动锻炼后往往会表现出不想进食，食量减少，并在一定时期内不能恢复食欲，这就说明中枢神经系统已经疲劳，要适当休息，劳逸结合。

(四)睡眠

睡眠能够在一定程度上将神经系统功能状态反映出来。睡眠状态良好，往往会表现为入睡快，醒后精力充沛；睡眠状态不好，则主要表现为入睡迟、夜间易醒、失眠，醒后仍有疲劳感。如果长期睡眠不好，就表明运动负荷已超过了机体的负担能力，或机体已过度疲劳，应及时对体育艺术类项目的运动锻炼进行相应的调整。

(五)出汗量

在进行体育艺术类项目的运动锻炼时，运动量、训练程度、饮水量、空气温度、湿度、衣着厚薄以及个体的神经系统状况都会对出汗量产生或多或少的影响。在观察出汗时，尤其要对是否有盗汗加以注意。

所谓的盗汗,就是夜间睡眠中出大量冷汗的现象,这不仅是植物神经系统功能紊乱或身体疲劳的表现,同时也是内脏器官患病的征兆,应予以高度注意。

总的来说,体育艺术类项目运动锻炼中的自我感觉是观察者在训练中最直观的反应,这对于锻炼者及时发现问题、尽早查明原因,及时采取有效措施是较为有利的。在体育艺术类项目的运动锻炼实践中,个体的主观感觉可根据具体情况填写并做好记录,为运动锻炼的调整提供一定的依据(表3-4)。

表3-4　自我感觉填写表(周表)

项目/时间	训练心情	排汗状况	食欲状况	睡眠状况	营养补充状况	对训练负荷的承受力	有无运动性疾病	有无训练损伤发生
周一								
周二								
周三								
周四								
周五								
周六								
周日								

二、客观感觉

体育艺术类项目运动者的客观感受主要包括体重、脉搏、运动成绩三个方面,具体如下。

(一)体重

体重能够将人体肌肉、脂肪、内脏器官及骨骼等的生长发育情况在一定程度上反映出来,同时,也能够作为重要表现来对学生身体发育情况进行评定。

在体育艺术类项目的运动锻炼或比赛后,运动者的体重或多或少地会有一定的下降。体重下降的幅度与运动强度、运动持续时间成正比。一般的,经过系统的体育艺术类项目的运动后,体重变化往往会表现出以下三个特点。

第一阶段:经过一段时间的锻炼或比赛,体重会呈现出逐渐下降的趋势,通常下降 2~3 千克,持续下降 3~4 周。体形较胖或参加系统训练前较少活动者,体重下降的幅度可能更大一些。

第二阶段:体重处于稳定时期。在进行体育艺术类项目运动后体重减轻,但在 1~2 天内得到完全恢复。这个阶段持续 5~6 周以上。

第三阶段:长期坚持进行体育艺术类项目运动锻炼会使肌肉等组织逐渐发达,体重有所增加,并保持在一定的水平上。如果发现体重减轻了 2~3 千克以上,则有可能表明运动量太大,就需要适当减少运动量。但是,如果减少运动量,体重仍不能回升,应去医院做进一步的检查,找出原因。

在体育艺术类项目运动锻炼期间,如果体重持续下降并伴有其他异常情况,如睡眠失常、情绪恶化等,往往是由早期过度训练、身体患有慢性消耗性病变(如肺结核、甲状腺机能亢进)或热能不足等原因引起的。进行大运动量锻炼的运动者在停止训练后体重增加是正常的生理反应,但如果体重逐渐增加,则表明运动量小、热量累积过多,需要进一步加大运动量。

(二)脉搏

一般来说,正常人的脉搏和心跳是一致的。另外,年龄、性别、运动、情绪、休息和睡眠也会对脉搏的频率产生相应的影响。一般说来,脉搏与运动水平也有一定的相关性。

通常情况下,早晨安静时(平卧或静坐),健康人的脉搏为 68~82 次/分钟。经过一段时间的锻炼后,随着心脏机能逐渐变强,脉搏会逐渐减少,一月后可减少到 65~72 次/分钟。运动量适宜时,锻炼后一小时内脉搏即可恢复到锻炼前水平;运动量较大时,经过一夜的休息,次日凌晨脉搏可恢复正常;运动量大时,运动过程中脉搏可达到140~180次/分钟,运动结束一小时后恢复为90~100次/分钟,次日可恢复到80~90次/分钟,以上三种情况都属于生理性疲劳。但是,如果次日早晨脉搏仍维持在90~100次/分钟或者更高,就表明前一天的运动量过大,机能反应不良,疲劳未能消除或存在感染,应适当减少运动量,使脉搏恢复到正常的频率。

(三)运动成绩

进行科学合理的体育艺术类项目运动锻炼或者比赛,运动成绩会逐渐提高,并保持在较高水平。从运动医学的角度来看,运动成绩长期不提高或下降,主要是将身体机能状况不良和早期过度训练两个方面的问题反映了出来,可以提出针对性的方案加以解决。

第四章　形体训练开展与技能分析

形体训练是改变人体初始状态，提高人体灵活性，增强可塑性的基本素质练习方法，也是提高人体表现力的形体技巧训练方法。参与形体训练的过程实际上也是艺术美育教育的过程。通过形体训练，人们能够具备现代人的健美外形，养成优雅的举止风范，获得良好的审美能力。另外，形体训练的开展有利于促进社会优雅文化环境的营造和中华民族传统美德的弘扬。因此，本章主要就形体训练开展与技能分析进行研究。

第一节　形体训练开展研究

一、形体训练的历史发展研究

形体训练起源于芭蕾、舞蹈、体操的基本功训练，后来脱颖而出，成为现在集健身、塑形、美体、矫正身体形态缺陷、培养气质等多种功能于一体的科学训练方法。形体训练从舞蹈、体操的基本功练习中脱离出来后，经过独立的发展，形成了具有科学性和系统性特征的训练体系。

形体训练群众基础广泛，对于各类人群而言，都可以选择适合自己的形体训练方法。现代女性很注重时尚美，而健康美、形体美、姿态美、气质美等是时尚美的基础，只有具备这些美，才能获得时尚美，而形体训练是女性获取这些美的基本途径。

二、形体训练在高校的开展现状及对策

(一)高校形体训练课程的开展现状

1.高校形体训练课程教学中学生的基本情况

(1)学生参与形体训练课的内容

为了了解大学生在形体训练课中的主要学习内容,特对我国14所开展形体训练课程的高校进行了调查,通过这种方式,对湖北省已经开设形体训练课程的非艺术类普通高校的教师进行了调查,调查结果见表4-1。

表4-1　形体训练学习内容调查统计表(N=14)[①]

内容		开设的学校数	比例(%)
芭蕾手位、脚位		14	100
舞姿组合(波浪、跳跃等)		12	85.70
步法组合		8	57.10
健身球健身操		12	85.70
瑜伽		7	50
把杆练习		5	35.70
基本素质练习	力量练习	6	42.90
	柔韧练习	10	71.40
	协调练习	8	57.10
民族传统舞蹈	扇子健身舞	8	57.10
	双花环健身舞	0	0
	手绢健身舞	0	0

[①]　高岚.湖北省部分普通高校开设形体训练课的研究[D].武汉体育学院,2006.

续表

内容		开设的学校数	比例(%)
身体各部位 组合练习	肩部练习	14	100
	胸部练习	14	100
	腰腹部练习	14	100
	肢体练习	0	0
	脚踝	13	92.90
有氧健身操		10	71.40
椅子操		0	0
踏板操		0	0
垫上形体操		12	85.70
器械健身操	绳操	0	0
	圈操	0	0
	哑铃健身操	0	0
	啦啦带操	1	7.10
	球操	3	21.50

从调查数据来看,我国高校形体训练课的教学内容非常丰富,涉及芭蕾舞、身体素质、现代舞、民间舞、瑜伽、健身操等多项内容。高校开展有氧健身操、瑜伽、扇子舞等不属于传统意义上的形体训练内容,主要是为了满足不同学生的愿望,同时也是为了顺应时代的潮流。

(2)学生对形体训练课教学内容的喜好情况

表4-2　学生对形体训练各种内容的喜好程度(N=446)①

内容	非常 喜欢(%)	比较 喜欢(%)	喜欢 (%)	不喜欢 (%)	放弃 (%)
芭蕾手位、脚位	67.3	20.2	8.9	3.6	0
舞姿组合(波浪、跳跃等)	74	24.7	1.3	0	0

① 高岚.湖北省部分普通高校开设形体训练课的研究[D].武汉体育学院,2006.

续表

内容		非常喜欢（%）	比较喜欢（%）	喜欢（%）	不喜欢（%）	放弃（%）
步法组合		69.5	26.9	2.2	0	0
健身球健身操		44.8	28.3	22.4	0.9	1.3
瑜伽		71.7	22.4	5.8	0	0
把杆练习		58.3	33.6	8.1	0	0
基本素质练习	力量练习	67.2	22.4	10.3	0	0
	柔韧练习	74	11.2	13.5	0	0
	协调练习	78.5	6.7	14.8	0	0
民族传统舞蹈	扇子健身舞	62.8	22.4	14.3	0.4	0
	双花环健身舞	22.4	29.1	44.8	2.2	1.3
	手绢健身舞	17.9	31.4	44.8	4.5	1.3
身体各部位组合练习	肩部练习	76.2	12.6	11.2	0	0
	胸部练习	80.7	12.6	6.7	0	0
	腰腹部练习	80.7	13.5	5.8	0	0
	肢体练习	76.2	10.3	13.5	0	0
	脚踝	74	14.8	11.2	0	0
有氧健身操		83	11.2	5.8	0	0
椅子操		22.4	30	44.8	0.4	2.2
踏板操		71.7	13	13.5	0	1.8
垫上形体操		78.5	11.2	9.9	0.4	0
器械健身操	绳操	58.3	26.9	13.7	0.9	0.2
	圈操	38.1	22.4	37.2	1.3	0.9
	哑铃健身操	53.8	15.7	30.1	0.4	0
	啦啦带操	44.8	31.6	22.4	0.7	0.4
	球操	51.6	15.7	8.7	1.1	0.4

从表 4-2 的调查结果来看，学生对不同类型形体训练教学内容的喜好程度有很大的差异。总的来看，当前开设的教学内容是

受学生普遍欢迎和喜爱的,只有个别一些内容,如健身舞等有少数学生不喜欢。

(3)学生对形体训练教师的评价

通过调查学生对形体训练教师的教学方法、技术水平、教学态度的评价后了解到,学生对教师所采取的教学方法的满意度为92.4%,对教师教学技术水平的满意度为88.7%,对教师教学态度的满意度为87.7%(图4-1)。从这一调查数据来看,学生总体上对教师的业务素质是满意的。

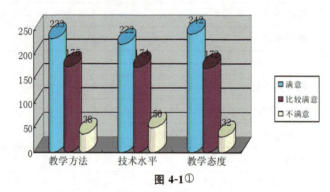

图 4-1①

(4)学生对形体训练课教学现状的满意度(图 4-2)

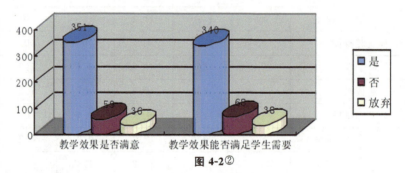

图 4-2②

通过调查学生对当前形体训练课教学效果的态度后了解到,对形体训练教学效果满意的学生占78.7%,不满意的学生占13.2%,放弃选择的学生占8.1%。从这一调查结果来看,大多数同学还是比较认可当前学校形体训练教学现状的。

---

① 高岚.湖北省部分普通高校开设形体训练课的研究[D].武汉体育学院,2006.

② 同上.

受场地缺乏、课时少、教师职业素养差等因素的影响,一部分学生对形体训练学习的需要还不能得到满足,调查发现,这部分学生占15.3%,虽然大部分学生认为自己的学习需要能够得到满足,但学校还是应该详细了解少部分学生尤其是那些基础比较好的学生的学习需要,听取他们的建议,有针对性地进行教学调整,以使学生的学习需要都能够得到充分的满足。

2.高校形体训练课程开展中教师的基本情况

部分学生认为当前高校形体训练教学无法满足自己的需要,其中很大一个原因与教师有关。通过调查来自我国非艺术类普通高校的14名形体训练授课教师后了解到,这些教师中,艺术体操专项的占43%,健美操专项的占28.5%,其他专项的教师同样占28.5%。这一调查结果表明,当前我国普通高校中,形体训练师资队伍整体是较为薄弱的(表4-3)。

表4-3　高校形体训练师资情况(N=14)[①]

	人数	比例(%)
艺术体操	6	43
健美操	4	28.5
其他	4	28.5

3.高校形体训练课程的教材与教学内容现状

(1)教学大纲与教材

调查发现,我国普通高校在开设形体训练课程教学的过程中,没有统一标准的教材,基本上都是由各校的老师根据本校的实际情况,并结合相关资料来制定形体训练教学大纲的。对此,大部分教师建议有关部门能够出一本对高校普遍适用的形体训练教材。最好能够以选修课、专修课和普修课等不同课程类型为

---

① 高岚.湖北省部分普通高校开设形体训练课的研究[D].武汉体育学院,2006.

依据来对形体训练系列教材进行编写。

（2）教学内容的选择与安排

形体训练集形体美、动作美、音乐美、服装美于一身，在强身健体、提高竞技表演能力、培养气质及文化修养等方面都具有突出的作用。所以，在形体训练课程教学中，需先教一些基本舞姿，然后再教基本技术动作。待学生对基本动作要领有了基本的掌握，并有了一定的乐感之后，可以教成套的组合动作，这样才能保障学生循序渐进地掌握形体训练技能。当前，我国高校在选用形体训练教学内容及安排教学程序方面是比较科学的。

（二）高校形体训练发展的对策

1.增开形体训练基础课，科学设置形体训练课程

对于体育艺术类项目而言，形体训练是基础，这也是形体训练与其他艺术类体育项目相区别的一个主要特点。所以，各高校应以本校学生的特点为依据对形体训练的学期数和学时数进行合理的安排，并采用有效的手段来促进形体训练教学内容、教学方法和模式的不断完善。

2.完善场馆设施

场馆设施缺乏或不规范是制约高校形体训练课程教学的主要因素之一，因此兴建场馆设施，完成教学环境是提高教学效果的一个重要对策。

（1）尽可能避免在水泥地上进行形体训练教学，因为水泥地上进行训练会冲击学生的关节与软组织，容易使学生受伤。木质地板或铺地毯的地面更适合开展教学。

（2）场馆内配置垫子、把杆、健身球、哑铃等充足的器械，这有利于多种形式教学活动的开展，也有利于学生全面进行练习。

（3）场馆内应安装面积较大的镜子，方便学生从不同角度对自己的动作进行观察，从而自觉地进行高质量的练习。

(4)形体训练场馆内应配备录像设备,播放学生训练的影像,这对于学生发现及纠正错误很有好处。

3.提高教师业务能力

针对当前我国高校中形体训练教师的现状,学校应加强对形体训练授课教师在专业知识方面的规范化培训,促进授课教师知识的丰富与知识结构的优化,同时促进其教学与科研能力的提高。有些形体训练教师教学经验比较缺乏,所以应该多在教学实践中磨炼自己,并积极参与培训活动,将继续教育重视起来,从而不断积累经验,提升自己。此外,高校也应积极将高水平的专业形体训练教师引入本校担任教师工作,从而促进师资队伍的不断强大,促进形体训练教学质量的不断提高。

4.优化教学内容

高校体育大纲明确指出,高校在体育课的课程设置中,要以本校所在地区、本校及学生的特点与现状为依据来对与学生身心发展规律相符的课程内容进行设置。现阶段,随着社会与科技的快速发展,大学生通过网络、电视等媒体对完美的身体形态、姿态和高雅气质有着强烈的追求,为了追赶潮流,大学生对形体训练教学内容的要求越来越高,现有的教学内容已经难以满足其需求。他们希望学校可以安排丰富多样的形体训练内容,可以尽可能地满足其需求。对此,高校必须在传统内容的基础上,增加一些对学生身心发展有利的新教学内容。所以,高校应有计划地更新现有的形体训练教学内容,在改革中获得进步与发展,给形体训练课注入新的活力,使形体训练融入时尚健身健美类体育课程的教学中,为培养大学生的终身体育意识和良好的体育锻炼习惯奠定扎实的基础。

第二节　形体训练基本素质锻炼技能分析

基本素质训练是形体训练的基础,下面主要就手臂、肩部、胸部、腹部、腰背部、髋部以及腿部等人体各部位的锻炼方法与技能进行分析。

一、手臂、肩部力量与柔韧锻炼技能

(一)单人练习

1.侧压臂练习

(1)预备姿势
双脚以肩宽的距离左右开立,两臂自然落在身体两侧。

(2)动作方法
1×8拍:第1拍,向上举左手臂,右手肘部弯曲并在头后将左上臂抓住。2~8拍,向右侧缓缓拉左肩关节。

2×8拍:将左肩关节向右拉到最大限度时,控制1个8拍,然后肩部慢慢放松。

反复练习4×8个拍,换手进行相同的练习。

(3)动作要求
手臂上举时,挺胸收腹,侧拉肩关节时一定要从小到大慢慢用力,不要突然用很大的力。同时,要最大限度地拉肩侧韧带。

2.两臂上托练习

(1)预备姿势
双脚左右开立,脚间距稍宽于肩,两臂自然落在身体两侧,收腹挺胸。

（2）动作方法

1×8 拍：1～2 拍，向上举两臂，一只手的手心朝上，另一只手抓手心朝上那只手的手指；3～8 拍为一动一拍，下压下拉上顶的手。

2×8 拍：拉到最大限度停 1 个 8 拍，换手继续进行练习，反复 4 拍。

（3）动作要求

手臂上举时，腰腹部保持不动，当一手向下拉时，另一只手要用力向上顶，伸直肘关节，同时充分打开肩角。

3.手臂摆动绕环练习

（1）预备姿势

双脚左右开立，脚间距稍宽于肩，两臂自然落在身体两侧。

（2）动作方法

1×8 拍：1～4 拍，双手绕环，左手保持向前，右手保持向后。5～8 拍重复 1 次。

2×8 拍：1～4 拍，双手绕环，左手保持向后，右手保持向前。5～8 拍重复 1 次。

3×8 拍：双手都保持向前进行绕环，共绕 2 周。

4×8 拍：双手都保持向后进行绕环，共绕 2 周。

反复练习 4×8 个拍。

（3）动作要求

绕环时，保持抬头、挺胸、收腹，放松肩关节，随着手臂的绕环，肩也进行一定幅度的绕动。

4.压肩韧带

（1）预备姿势

面对肋木向前倾斜上体，伸直双臂，将手臂放在肋木上，双脚左右开立。

（2）动作方法

1×8 拍：第 1 拍，用力向下压上体，充分拉开肩关节，一拍一压。

反复练习 4×8 个拍，压到个人的极致限度时，控制 4×8 个拍。

（3）练习要求

压肩时，伸直双臂，抬头、挺胸、塌腰，注意正常呼吸即可。

（二）双人练习

1.拉肩

（1）预备姿势

练习者在地毯上跪坐，双手相握垂直向上举起；同伴在练习者背后站立，将练习者的双手拉住。

（2）动作方法

同伴用膝盖抵在练习者后背处，一手将其腕关节往外拉，一手将其肩部往里推，一拍一动，做 2×8 个拍后，拉肩到最大限度后控制 2×8 个拍。

（3）练习要求

练习者正常呼吸即可，双臂垂直上举，不要弯曲肘关节，头微微向下低。

2.双人压肩

（1）预备姿势

两人面向而立，双脚左右分开，各自伸直手臂搭在对方的肩上。

（2）动作方法

1×8 拍：第 1 拍前半拍，下压上体同时双肩振动一次；后半拍稍抬上体。

反复练习 4×8 个拍。

5×8拍:第1拍,最大限度地下压上体后控制4×8个拍。

(3)练习要求

伸直双臂,保持抬头、挺胸、塌腰的姿势,充分拉开肩关节韧带。

二、胸部、腹部力量锻炼技能

(一)单人练习

1.仰卧起

(1)预备姿势

在地毯上仰卧平躺,双腿膝部弯曲平踩在地面上,双手在身体两侧垂直上举。

(2)动作方法

1×8拍:第1拍,收腹,上体直立,身体以90°角向右转,左手伸向右腿方向,右手伸向左后方。2拍控制1拍。3～4拍回到初始状态。5～8拍与1～4拍的动作相同,方向相反。

反复练习4×8个拍。

(3)练习要求

练习过程中保持抬头、挺胸、立背的姿势,上体直立转体动作在收腹力量的控制下完成。

2.扭腰仰卧起坐

(1)预备姿势

在地毯上仰卧平躺,并拢双腿,膝部弯曲,手臂肘部弯曲将头抱住。

(2)动作方法

1×8拍:第1～2拍,收腹,上体以45°角斜后倾,腰向右扭动。第3～4拍向右扭转上体,5～8拍恢复预备姿势。

反复练习 4×8 个拍。

（3）练习要求

练习时，保持抬头、挺胸、立背的姿势，转体动作是在收腹力量的控制下完成的，转体时头也要向相同的方向转。

3.两头起练习

（1）预备姿势

在地毯上仰卧平躺，开肩，并拢并伸直双腿，脚尖绷紧。

（2）动作方法

1×8 拍：第 1 拍，尽最大力收腹，在收腹力量的控制下上抬上体和双腿，抬起的角度要大于 45°，身体与双腿都到达最高点时，双手触脚。第 2 拍回到初始状态。

反复练习 4×8 个拍。

（3）练习要求

练习过程中保持抬头、挺胸、立背的姿势，双腿不能分开，也不可弯曲。

4.收腹控腿练习

（1）预备姿势

在地毯上仰卧平躺，双手在后面抱头，并拢且伸直双腿，脚尖绷紧并上举 90°。

（2）动作方法

1×8 拍：第 1~2 拍，抬上体，收腹，控腿。第 3~4 拍回到初始状态。

反复练习 4×8 个拍。

（3）练习要求

练习过程中保持抬头、挺胸、立背的姿势，收腹时胸部尽可能与大腿相贴。

5.收腹剪腿

(1)预备姿势

在地毯上仰卧平躺,开肩,并拢并伸直双腿,脚尖绷紧,向上举起双手,使其与两耳轻贴。

(2)动作方法

1×8拍:略抬双腿,角度在15°~25°范围内,双腿上下交替摆动,两拍一换。

2×8拍:左右腿相互交错,连续练习1×8拍。

反复练习4×8个拍。

(3)练习要求

练习过程中保持抬头、挺胸、立背的姿势,双腿上下和交错摆动的动作都要在收腹力量的控制下完成。

(二)双人练习

1.斜面收腹起

(1)预备姿势

一人仰卧在地毯上,屈膝,屈肘,双手叉腰;同伴在其膝盖上坐好,双手放在身体两侧,双脚将其上臂勾住,躺在地毯上的将坐在上面的人的小腿抓住。

(2)动作方法

1×8拍:1~4拍,上面坐着的仰卧下胸腰,下面躺着的用双手将上面人的踝关节抓住,收腹,用力上抬上体。5~8拍,坐着的人收腹抬上体,躺着的人上体慢慢下降到平躺姿势。

反复练习多次后,上下交换重复练习。

(3)练习要求

坐在上面的练习者尽可能将腹部放松,充分舒展身体,而躺在下面的人用力将上面人的小腿部抓住,避免其晃动。

2.挺下腹练习

(1)预备姿势

练习者在地毯上平躺,双腿分开,膝盖弯曲,两手自然放在身体两侧,同伴背对练习者,在练习者一侧分腿跪立在地面上。

(2)动作方法

1×8拍:1~4拍,练习者正常呼气,同时下腹慢慢上抬,使髋骨逐渐靠近身体,同伴双手将练习者的髋部托住并向上提,使练习者背部上半部始终不离地。5~7拍控制3拍,第8拍回到初始动作。

反复练习4×8个拍。

(3)练习要求

练习者在练习过程中,头部和脊椎骨始终都在一条直线上,同时吸气和呼气保持正常即可。

三、腰、背力量与柔韧锻炼技能

(一)单人练习

1.侧躺收腿练习

(1)预备姿势

练习者在地上侧躺,双手交叉于胸前抱上体,双腿并拢,双膝弯曲。

(2)动作方法

1×8拍:双腿并拢慢慢靠向胸部和头部,充分蜷曲身体。

2×8拍:双手贴在两耳侧并向上举,伸双腿保持弓形姿势。

反复练习多次。

(3)练习要求

练习过程中,头部和脊椎骨位于一条直线,在身体蜷曲时要将双膝收紧。

2.双膝跪地双手撑地弓背练习

(1)预备姿势

练习者跪在地上,且双手撑在地面上,收腹,背部保持平直状态。

(2)动作方法

1×8拍:吸气,同时收腹并向上背,向前倾斜骨盆。

2×8拍:拱背姿势做好后保持1个8拍。

3×8拍:呼气,同时下沉背,使胸部慢慢靠近地面,头略抬,慢慢前移臀部。

(3)练习要求

头和脊椎骨位于一条直线,要在正确呼吸的基础上完成动作。

3.坐姿胸腰练习

(1)预备姿势

练习者在地毯上直角坐,并拢并伸直双腿,脚尖绷紧。双手自然置于身体两侧,中指尖触地。

(2)动作方法

1×8拍:1～4拍向后下腰,5～8拍保持这个动作不变。

2×8拍:1～2拍双手举起。3～4拍体前屈,胸与大腿紧贴。5～8拍上体在双手的带动下向后下胸腰。

反复练习。

(3)练习要求

练习过程中,抬头,挺胸,在此基础上头向后仰,下腰要用力,体前屈时腹部与大腿尽量相贴。

4.坐姿甩腰练习

(1)预备姿势

练习者双腿分开坐在地毯上,上体保持正直,双手分别在两侧举起,掌心向下。

(2)动作方法

1×8拍:1~2拍,向右倾上体,下旁腰;3~4拍上体左倾,下旁腰;5~8拍,双手绕环,绕动轨迹为从左至体前到右后腰,最后保持一手支撑,分腿立腰的姿势。

2×8拍:控制1个8拍。

3×8拍、4×8拍同1×8拍、2×8拍的动作相同,但左右方向恰好相反。

(3)练习要求

练习过程中,练习者要挺胸、抬头、立背,上体左右侧移与双手绕环的动作应在腰部力量的带动下完成。

5.上体双腿两头翘练习

(1)预备姿势

练习者在地毯上俯卧,伸直并向左右两边分开双腿,双手自然放在身体两侧。

(2)动作方法

1×8拍:1拍,上体和双腿两头翘,第2~7拍保持这个姿势不变,8拍回到初始动作。

反复练习。

(3)练习要求

上体、双腿在双臂的带动下尽可能往高抬,最大限度地做反背弓姿势。

(二)双人练习

1.互背拉伸练习

(1)预备姿势

两人背靠背、手挽手站立,双脚分开。

(2)动作方法

1×8拍:一人将另一个人的手臂用力挽住,并将其背起,使其后倒保持反弓状的姿势,自己尽可能前屈上体,弯背,不要屈膝。

2×8拍:两人换着背,动作与第1个8拍相同。

3×8拍、4×8拍:一人背起另一人并成反弓状后控制2个8拍,然后二人交换进行练习,同样控制2个8拍。

(3)练习要求

被背的人髋关节、腿都要放松,充分伸展胸部、腰部、背部的肌肉,而背的人双腿必须保持直立。

2.俯卧吊胸腰练习

(1)预备姿势

练习者在地毯上俯卧,向后伸双手臂,同伴在练习者膝关节两侧站立,二人用双手相互拉紧对方。

(2)动作方法

1×8拍:1~4拍,同伴用力将练习者拉起,使其上体不再接触地面,并成最大限度的反背弓;5~8拍慢慢将练习者放回原位。

2×8拍:与1×8拍动作相同。

3×8拍、4×8拍以同样的方法将练习者拉成最大限度的反弓背后,控制2个8拍。

(3)练习要求

练习者抬头挺胸,腰部用力向后弯,同时尽可能保持髋部在地面上,而同伴要将练习者的手腕用力抓住,身体前倾,拉动时,上体渐渐后倾。

3.俯卧起胸腰练习

(1)预备姿势

练习者在地毯上俯卧,双手在后面扶头,并拢双脚,脚尖绷紧,同伴与练习者相对而跪坐在地毯上,双手将练习者双脚压住。

(2)动作方法

1×8拍:1~2拍,练习者向后屈上体,3~4拍回落原位,5~8拍的动作与1~4拍相同。

2×8拍:在最高点控制1个8拍。

反复练习多次。

(3)练习要求

在练习过程中,练习者始终都要保持挺胸抬头的姿势,上体后屈时必须尽可能地用力,而同伴为了帮助练习者顺利完成动作,需将其双脚用力按住。

四、髋部柔韧锻炼技能

(一)单人练习

1.开胯练习

(1)预备姿势

练习者在地毯上屈膝坐,脚尖触地,含胸,两手放在两膝关节处。

(2)动作方法

1×8拍:1~2拍,双手用力推膝关节,成开胯姿势后下压一次;3~4拍,还原初始动作。5~8拍的动作与1~4拍相同。

2×8拍:一拍一动,开胯时,脚心保持相对,向侧面屈膝,一拍下压一次,颤动一次。

3×8拍、4×8拍:双手用力将膝关节下压,这个姿势保持2

个 8 拍。

（3）练习要求

下压时必须用力。

2.平躺开胯练习

（1）预备姿势

练习者在地毯上仰卧平躺，并拢并伸直双腿，脚尖绷紧，伸直手臂并自然放在身体两侧，掌心向下。

（2）动作方法

1×8 拍：1～2 拍，左腿上屈，左脚尖触地，3～4 拍左腿 90°外翻并与地面紧贴。5～6 拍的动作与 1～2 拍相同，7～8 拍伸直左腿，回到准备状态。

2×8 拍：1～2 拍最大限度地举起左腿，3～4 拍左腿从旁侧落在地面上，充分打开髋。5～6 拍的动作与 1～2 拍相同，7～8 拍回到准备状态。

反复练习 4×8 个拍。

（3）练习要求

骨盆与地毯紧贴后固定好以免晃动，脚尖绷紧，放松髋关节，最大幅度地举腿。

3.平躺单臂触腿外侧练习

（1）预备姿势

练习者在地毯上平躺，背部与地面紧贴，双手自然放在身体两侧，手心向下。

（2）动作方法

1×8 拍：1～4 拍，左手置于右腿的大腿外侧，朝左侧地面下压右膝，5～8 拍控制 4 拍。

2×8 拍：重复 1×8 拍的动作，但方向相反。

反复练习 8×8 个拍。

（3）练习要求

练习者在地毯上平躺时，背部要与地面紧贴，头部与脊椎骨要位于一条直线。

4.顶髋练习

（1）预备姿势

练习者在地毯上仰卧平躺，收腹，挺胸，并拢双腿并屈膝，双手自然放在身体两侧，手心向下。

（2）动作方法

1×8拍：1拍，用力顶髋，控制2～7拍，8拍还原。

反复练习6×8个拍。

（3）练习要求

最大限度地向上顶髋。

5.坐姿双腿外分练习

（1）预备姿势

练习者在地面上分腿而坐，挺胸，直背，腹向内收，双手置于双腿大腿的内侧。

（2）动作方法

1×8拍：1～4拍，躯干保持笔直，从臀部开始前屈上体，同时双手在体前地上平放。5～8拍，抬头，挺胸，塌腰。

反复4×8个拍，然后重复做1～4拍动作，控制2×8个拍。

（3）练习要求

练习过程中，头和脊椎骨位于一条直线，膝盖和脚趾向上。

（二）双人练习

1.躺势分腿开胯

（1）预备姿势

练习者在地毯上平躺，双腿分别向两侧屈，脚心保持相对，同伴在练习者脚前跪好,双手轻轻将其双膝关节按住。

(2)动作方法

一拍一压,练习 4×8 个拍,压到最大限度时控制 4×8 个拍。

(3)练习要求

在练习过程中,练习者腰背要与地面紧贴,放松髋关节,大小腿以尽可能小的角度折叠,两脚心保持相对。同伴下压练习者的膝关节时要保持适当的力度,目的是帮助练习者开胯。

2.坐姿分腿压胯

(1)预备姿势

练习者在地毯上分腿坐,挺胸,收腹,屈膝,双手将脚尖扶住。同伴在练习者背后跪立。

(2)动作方法

1×8 拍:同伴双手轻轻压练习者的大腿内侧使其振动。

2×8 拍:加大压腿的力量,两拍一动。

3×8 拍、4×8 拍:最大限度地压腿,并控制 2 个 8 拍。

(3)练习要求

练习者放松肩部,头与脊椎骨位于一条直线,同伴从小到大逐渐施力,直到练习者感到大腿紧绷为止。

五、腿部力量锻炼技能

(一)单人练习

1.坐姿压腿练习

(1)准备姿势

练习者在地毯上直角坐,腰背挺直,向上顶头,双手臂弯曲并置于双腿的大腿两侧。

（2）动作方法

1×8拍：一拍一次，并拢双脚，向前压上体，头稍上抬，胸腹部尽量与大腿面相贴，双小臂与地面相贴。

2×8拍：1～2拍，分开两腿，向左侧压上体，左手一位，右手三位，3～4拍上体恢复到起始状态，5～8拍的动作与1～4拍相同，但方向相反。

3×8拍：分开两腿，向前压上体，1拍1次，直到不能再继续前压。

4×8拍：分腿坐，一腿伸直，一腿弯曲，侧压上体，2拍1次，5～8拍反方向练习。

（3）练习要求

练习过程中，伸直双腿，脚面绷紧。前压时，胸腹尽可能与大腿相贴；侧压时，上体在双肩水平侧倒的力量控制下完成动作。

2．站姿侧压腿

（1）预备姿势

练习者侧对把杆而立，左腿支撑脚一位。右腿放在杆上，脚面绷直，右手扶在把杆上，左手三位。

（2）动作方法

1×8拍：1～2拍，右倾上体并压腿，3～4拍还原，5～8拍的动作与1～4拍相同。

反复练习4×8个拍。最后一拍完成后，保持后倾压腿的姿势控制2×8个拍。

（3）练习要求

练习过程中，挺胸抬头，腰背直立，侧压腿时伸直双腿，上体不要前后晃动。

3．站姿正压腿

（1）预备姿势

练习者在把杆前面向把杆站直，双手叉在腰间，左腿支撑身体重心,右腿抬到把杆上。

(2)动作方法

1×8拍:1~2拍,向前倾上体并压腿,3~4拍还原,5~8拍的动作与1~4拍相同。

反复练习4×8个拍,最后一拍完成后,保持前倾压腿的姿势控制2×8个拍。

(3)练习要求

伸直双腿,抬头挺胸,腰背直立,压腿时尽可能使腹部与大腿相贴。

(二)双人练习

1.正压腿

(1)预备姿势

练习者在地毯上平躺,双臂伸直并自然放在身体两侧,掌心朝下,同伴面向练习者而立,练习者最大限度地向正前方抬左腿,同伴一脚站一旁,另一脚踩练习者右大腿上,并用双手将其左腿扶住。

(2)动作方法

1×8拍:1拍同伴以适当的力将练习者的左腿向前推,2拍还原。3~8拍的动作与1~2拍相同。

2×8拍:最大限度地推练习者的左腿后控制1×8个拍。

3×8拍、4×8拍的动作与1×8拍、2×8拍相同。

(3)练习要求

练习者伸直双腿,脚面绷紧,同伴将练习者的膝关节扶住,以保证练习者能够充分伸直动力腿。

2.侧压腿

(1)预备姿势

练习者伸直右手臂,掌心朝下,右手臂与右耳相贴,身体保持侧卧姿势,从手臂到脚尖都位于一直线上。左手臂扶置于胸前,左脚面保持向上,同伴在练习者的右脚旁用双手将其左踝握住。

(2)动作方法

1×8拍:1拍,帮助者用力将练习者的左腿向正前方推。2拍还原为初始动作,一拍一动。

2×8拍:与1×8拍的动作相同。

3×8拍、4×8拍:同伴朝正前方最大限度地推压练习者的左腿,推到最大限度后控制2×8个拍。

换腿重复练习。

(3)练习要求

练习者在练习过程中伸直双腿,脚面绷直,同伴双脚左右开立将练习者的膝关节夹住,双手用力对练习者的动力腿进行推压。

3.弓步压腿

(1)预备姿势

练习者左脚在前做跪膝大弓步的姿势,双手放在左膝上,同伴在练习者身后站好,双手搭在练习者肩上。

(2)动作方法

1×8拍:1~2拍,同伴一只脚在练习者右髋关节上用力向前下方踩,3~4拍还原,5~8拍的动作与1~4拍相同。

2×8拍:弹动踩压,一拍一动。

3×8拍、4×8拍:最大限度地踩压后控制2×8个拍。

换脚重复练习。

(3)练习要求

在练习过程中,练习者挺胸抬头,身体重心保持平衡,避免前后晃动。同伴在踩压时,注意朝正前下方用力,并通过双手扶其肩来使其身体处于平衡状态。

第三节　形体训练基本姿态控制技能分析

一、基本站姿与坐姿的控制训练技能

(一)站姿控制训练

1.靠墙立

保持立正姿势,夹紧双腿,挺胸收腹,腰背直立,紧臀,双肩后张并向下沉,略收下颌,向上方顶头,头、肩胛骨、臀、腿、脚跟都与墙紧靠。这个练习主要是借助墙的平面来对良好的站姿进行培养,使人在站立时保持上体挺拔,头、躯干和腿位于一条垂线。

一次控制 48 个拍,反复练习 8~10 次。

2.分腿立

两腿小八字站立,双脚间的距离与肩宽相同,双手叉在腰间,稍微向前扣双肘,挺胸收腹,腰背直立,双肩后张并向下沉。这一练习主要是对臀部、腹部及上体的正确感觉进行训练,夹臀与收腹要保持协调。

3.单腿立

保持正确立姿,一腿支撑身体重心,另一腿膝盖弯曲并向上抬,脚尖绷紧,与支撑腿相贴,双手叉在腰间,稍侧转上体。这一练习主要是对腿的挺直与控制力进行训练。

4.双手叉腰,前、侧、后点地练习

(1)保持基本站立姿势,上体和重心保持稳定,伸直双腿。

（2）做前点地和后点地动作时脚尖要紧绷，向外翻脚面。

（3）侧点地时，脚面侧翻。

做不同方向的点地时，都是先擦地出去，控制1个8拍后换方向练习，反复练习8～10次。

这一练习主要是对腿的控制能力和重心的稳定性进行训练。

5.移重心站立姿势练习

1×8拍：1～2拍，双膝弯曲，重心前移。3～4拍左脚在前直立，右脚后点地。5～8拍控制4拍。

2×8拍：动作与1×8拍相同，方向相反。

3×8拍：1～2拍左脚侧擦地或侧点地。3～4拍左脚直立，右脚侧点地。5～8拍控制4拍。

4×8拍：动作与3×8拍相同，方向相反。

反复练习6～8次。

这一练习主要是对移动时腿的控制能力和身体的正确姿态进行训练。

（二）坐姿控制训练

1.盘腿坐

臀部支撑重心，收腹挺胸，腰背直立，上提肋骨，向上伸头颈，下颌微收，弯曲两腿，两脚脚心相对盘于腹前，放松双肘，手腕置于膝上，双手放在身后也可。

2.正步坐

上体姿势与盘腿坐相同，并拢两脚，脚尖正向前，稍分开两膝，自然弯曲两臂，两手放在大腿处，稍前倾上体，放松肩并向下沉，腰背直立，头、肩、臀保持在同一条线上。

3.侧坐

上体姿势与盘腿坐相同，稍微侧转上体，放松两臂，扶在腿上。并拢并屈双腿,双膝稍向一边移,外侧的脚比内侧的脚稍向前,这样整体看起来臀部和大腿是较为苗条的。

二、形体美姿组合操的训练技能

不管是进行站姿控制训练,还是坐姿控制训练,都是为了从整体上保持优美大方的形体,所以在进行单独的姿态训练之后,很有必要做一套完整的形体美姿组合操练习,从而实现形体美的目标。下面阐释的这套形体美姿组合操对女性更为适用。

(一)预备姿势

两手叉在腰间,以丁字步的姿势站立。

(二)第一个八拍

1~2拍:身体半蹲,头低下。

3~4拍:还原。

5~6拍:身体半蹲,头上抬。

7~8拍:还原。

(三)第二个八拍

1~2拍:屈左腿,低头含胸,手背保持相对。

3~4拍:伸直左腿,屈右腿,挺胸抬头。

5~6拍:屈左腿,伸直右腿,侧向摆动右臂,同时向右转头。

7~8拍:伸直左腿,屈右腿,侧向摆动左臂,同时向左转头。

(四)第三个八拍

1~2拍:屈右腿,左脚尖点地,同时向左举起左臂,屈右臂,右手指尖触肩,向左转头。

3~4拍:左脚向右脚靠拢,伸直两腿,同时向前举两臂。

5~6拍:屈左腿,右脚尖点地,同时向右举右臂,屈左臂,左手指尖触肩,向右转头。

7～8拍:右脚向左脚靠拢,伸直两腿,同时向前举两臂。

(五)第四个八拍

1～2拍:垂直向上举两臂,挺胸抬头。

3～4拍:身体保持直立。

5～6拍:向前屈上体,两手同时在体后相握并向上摆动。

7～8拍:直立。

(六)第五个八拍

1～2拍:向左侧迈左脚,同时向上举两臂。

3～4拍:右脚朝左脚后踏一步,同时向左摆两臂,向左转头。

5～7拍:向右侧迈右脚,同时髋部左右摆动3次,向前上方举两臂,上下摆动手腕。

8拍:恢复直立。

(七)第六个八拍

1～2拍:身体45°右转,同时弯曲两腿,低头含胸。

3～4拍:伸直两腿,同时向后伸左腿,左脚尖点地,挺胸抬头,向后伸展两臂。

5～6拍:同1～2拍的动作。

7～8拍:伸直两腿,同时向后伸展左腿,左脚尖点地,向左侧伸展左臂,向左转头。

(八)第七个八拍

1～2拍:身体45°右转,抬头挺胸,同时向前屈振。

3～6拍:同1～2拍的动作,稍微向前、向左前振。

7～8拍:直立,身体朝向左前方。

(九)第八个八拍

1～2拍:屈双腿,含胸低头。

3～4拍:伸直两腿,同时向后伸展右腿,脚尖点地,挺胸抬头,向后伸展两臂。

5～6拍:同1～2拍的动作。

7～8拍:伸直两腿,同时向后伸展右腿,脚尖点地,向右侧伸展右臂,向右转头。

(十)第九个八拍

1～2拍:屈左腿,屈右膝并上抬,低头含胸,屈两臂并向上摆动。

3～4拍:向后伸右腿,脚尖点地,同时向上伸展两臂,两手在最高处交叉相握,挺胸抬头。

5～6拍:右脚在左脚后点地,同时向左屈上体,目光注视左下方。

7～8拍:屈右臂,右手扶在左侧头上,左臂侧下举。

(十一)第十个八拍

1～2拍:屈右腿,屈左膝并上抬,同时低头含胸,屈两臂并向上摆动。

3～4拍:向后伸左腿,脚尖点地,同时向上举两臂,两手在最高处交叉相握,挺胸抬头。

5～6拍:左脚在右脚后点地,同时向右屈上体,目光注视右下方。

7～8拍:屈左臂,左手扶在右侧头上,右臂侧下举。

(十二)第十一个八拍

1～2拍:髋向左扭动,同时两臂在胸前相互交叉,向左转动头。

3～4拍:髋向右扭动,同时向右转上体,两臂在身体两侧向上举。

5～6拍:髋向左扭动,同时向左摆两臂,向左屈头。

7～8拍:髋向右扭动,同时向右摆两臂,向右屈头。

(十三)第十二个八拍

1～2拍:身体45°左转,同时屈左膝,伸直右腿,脚尖点地,左臂前下举,右臂侧上举,眼睛注视前下方。

3～4拍:伸直左腿,屈右膝并向后上方抬起,向上举左臂,向前举右臂,挺胸抬头。

5～6拍:伸直两腿,脚跟上提,左臂向侧上方举,右臂在胸前屈肘,目光注视左下方。

7～8拍:屈右腿,右脚在左脚前点地,挺胸抬头,两臂自然落在身体两侧。

(十四)第十三个八拍

1～2拍:身体45°右转,屈右腿,伸直左腿,脚尖点地,右臂前下举,左臂侧上举,眼睛注视前下方。

3～4拍:伸直右腿,屈左膝并后举,向上举右臂,向前举左臂,挺胸抬头。

5～6拍:伸直两腿,脚跟上提,右臂侧上举,左臂在胸前屈肘。

7～8拍:屈左腿,左脚在右脚前点地,挺胸抬头,两臂落在体侧。

(十五)第十四个八拍

1～2拍:屈右膝,向后伸左腿,脚尖点地,两臂下伸,向右转上体,目视前方。

3～4拍:伸直两腿,向前迈左脚,右脚尖点地,向上举两臂,掌心朝外,眼睛注视左下方。

5～8拍:屈左膝,向右侧迈右腿,脚尖点地,两臂下伸,左转上体,眼睛注视前方。

第五章 健美操开展与技能分析

健美操是体育艺术类项目中较具代表性的项目之一,在我国得到了非常广泛的开展,并受到广大民众的欢迎和喜爱。时至今日,健美操已发展成为人们健身锻炼、塑身、休闲、娱乐、减肥等的重要手段,同时也得到了前所未有的发展。本章就健美操运动的开展及其相关基本技能进行分析,并对其创新编排进行研究。

第一节 健美操开展研究

一、我国健美操的发展历程

(一)我国健美操的起源

我国健美操运动的发展也是有源头可寻的。在我国 2 000 多年前的古代导引图中就画了 44 个年龄、性别不同的人物,栩栩如生,他们摆出了各种不同的姿势,或站、或蹲、或坐、或立……以及做出屈臂伸展、跳跃、转体等各种不同的动作,这些动作和姿势都与现代健美操运动有着非常高的相似之处。

根据相关资料显示,我国健美操运动早在 20 世纪 30 年代就已被介绍并开始了广泛的开展。

(二)我国健美操的发展

在新中国成立以后,政府开始关心国民健康问题,并提出了"发展体育运动,增强人民体质",以此来更好地推广广播体操。广播体操就是将身体动作同音乐节奏巧妙地融合到一起。

20世纪70年代末到80年代初是现代健美操在我国真正得以兴起的时期,此时学校对美育教育给予了更多的关注,并将有氧健身运动引入国内,从而更好地推动了我国美育教育的发展。

有氧健美操在开始引入国内时,被称为"健身操""韵律操""健康舞""健身术""健美操""健力舞""节奏操""有氧操"等。随着有氧健美操的不断推广和普及,越来越多的高校体育教师开始在一些杂志、期刊中发表一些关于美育研究的问题,同时也对一些健美操成套动作进行了设计和编排。

在改革开放时期,世界健美操热开始蔓延到我国。随着现代高校教学的不断改革和发展,在一些大专院校中都相继开设了健美操普修和选修课程。这也标志着健美操运动在我国的发展是从高校开始的。

从20世纪80年代开始,我国社会掀起健美操热,在全国的部分城市中开始出现一些健身俱乐部的雏形。此外,随着我国社会健美操的快速流行和发展,一些媒体业开始播放相关的健美操节目,这使得健美操运动在我国得到了很大程度的普及和发展。

在我国社会健美操发展过程中,简·方达对健美操运动的推广起到了非常重要的影响,并促使我国健美操出现了很多流派。

1992年,中国健美操协会和中国大学生体协健美操、艺术体操协会在我国相继成立。这些年来,我国健美操也逐步走向世界,与世界健美操开始加强交流和沟通,这也使得人们对健美操运动有了更深入的认识。同时,我国健美操运动的普及和发展也离不开中国健美操协会的积极宣传,使其得以更为广泛地流行。

目前,我国每年都要举办很多类型的健美操比赛,如全国健美操锦标赛、全国大学生健美操锦标赛、全国健美操冠军赛、全国健美操联赛等。

我国各类健美操组织的建立、竞赛规则的统一,以及各种制度的不断完善,这些都标志着我国竞技健美操运动开始进入正规化的管理和发展阶段。

二、现代健美操的发展现状

下面主要就健身健美操和竞技健美操的训练开展现状展开论述。

(一)健身健美操的发展现状

目前,在训练方面健身健美操主要分为两个层次,一是自学,出于对健身健美操的学习兴趣和爱好,自己从网上下载一些健身健美操的相关视频,根据视频来进行学习。这种方式虽然不是很专业,但对于健身健美操有着很好的宣传作用,能够提高其知名度。另一个层次是在健身俱乐部参与集体性的健美操运动,这也是当前健身健美操发展的主要方向和特点。

同自学相比,在健身俱乐部中参与健美操运动的人有着比较强的专业性,根据自身具体实际来制定出相应的健美操训练计划。此外,健身健美操俱乐部也能够提供一些相配套的设施,同时有专业的健身教练来提供指导,这样使得训练更加科学,能够获得更为明显的训练效果。需要注意的是,健身健美操训练需要长期坚持,训练要有着一定的规律可循。健美操的发展是将健身俱乐部作为主要载体的,在俱乐部的推广之下,健身健美操获得更快的发展。同时,健身健美操在很多高校中都设有相关的课程,这对于推广和普及健身健美操有着非常重要的作用。

(二)竞技健美操的发展现状

我国竞技健美操的训练发展主要从以下几个方面体现出来。
首先,同国外运动员相比,我国竞技健美操运动员身体素质较差。竞技健美操运动要求运动员要具备较高的全面协调的综合素质,既要具有较好的耐力素质和力量素质,也要具备出众的灵敏素质和柔韧素质,同时还要具有短时间爆发力。但就具体而言,运动员的身体素质能力不全面或者身体素质能力偏低。

其次,我国竞技健美操运动的训练体系较为片面,不够系统与完善。

最后,在我国的健美操运动中,主要是青年运动员,很少有少年运动员,在儿童和少年阶段,青年健美操运动员并没有接受过专业的竞技健美操训练,同时政府也没有给予足够的重视,这就使得竞技健美操缺少了足够的经费作为保障。

在国家的相关体育运动长远培训计划中,并没有关于竞技健美操的内容,因此训练场地和经费也都是非常短缺的,在这种条件下,竞技健美操很难获得长期有效的发展。由此可见,目前,获得政府的支持是竞技健美操所需要解决的问题,只有获得相应的经费,才能更好地保证竞技健美操训练的正常开展,促进竞技健美操运动的发展。

三、现代健美操训练的发展对策

(一)各级领导部门要高度重视健美操

对于健美操的发展来说,各级领导的重视程度能够发挥出很大的作用,这就要求各级部门领导要给予健美操项目更多的支持和重视,促使健美操各项设施设备得以不断完善,并增加经费投入,通过营造一个良好的环境来促进健美操运动的发展,这样才能促使教练员和运动员更加全身心地投入学练之中,进一步促使健美操运动得以规范化发展。

(二)对健美操教练员的培训要进一步加强

健美操运动的特点还在开放和动态方面有所体现,在运动成绩和进行科学训练方面,运动员的知识和才能发挥着非常重要的影响,同时也影响了运动训练的成败。随着现代健美操运动的发展,比赛竞争越来越激烈,这就需要有高水平的科学训练,这使得教练员的作用和地位得以突出。在此前提下,各省体协、健美操协会等也都纷纷定期举办一些相应的教练员培训班,系统地讲授健美操运动和训练的专业知识,促使裁判员的业务水平得以不断提高,这都是非常重要且必要的。

(三)对健美操运动的宣传要进一步加强

现代社会,人们对健美操非常青睐和喜爱,只有对健美操保持必要的投入,对健美操的专业特点加以充分利用,获得更多商家和企业的支持和赞助,促使比赛的宣传力度和组织水平提高,这样才能促使我国健美操运动训练水平得以进一步提高。要想做好以上几点,采用一些措施是非常必要的,主要包括以下几个方面。

第一,对运动员进行鼓励,促使他们能够更加积极地参与比赛,设立相应的邀请赛、年度赛等各类比赛。

第二,促使各运动队之间的合作和交流加强,促使健美操运动训练的普及和提高。

第三,对比赛地点进行轮换,加大宣传,使各个地方参与健美操训练运动的积极性得以充分调动。

第四,积极参与公益性表演,进行广泛的宣传和推广,进一步提高社会对健美操运动的认识。

第五,增加比赛次数,保证运动员能够有更多的参加比赛的机会,通过参与比赛,运动员能够获得更加丰富的经验,进一步提高运动员的技战术水平和心理能力,培养出更多的更优秀的运动员,以确保我国健美操运动员成绩得以进一步提高。

第二节　健美操基本技能分析

一、下肢动作

(一)无冲击动作

1.半蹲(Squat)

动作描述:两腿并拢或分开稍大于肩,脚尖稍外开,两腿同时屈伸(图5-1)。

技术要点:膝关节弯曲的角度不超过90°,屈膝时,膝关节与脚尖同方向,膝关节的垂线不得超过脚尖,臀部向后,上体稍前倾。

动作变化:并腿半蹲、分腿半蹲。

图 5-1

2.弓步(Lunge)

动作描述:一腿屈膝,一腿伸直(图5-2)。

技术要点:身体重心在两腿之间,膝关节弯曲的角度不超过90°,并且膝关节的垂线不得超过脚尖。

动作变化:前后弓步、左右弓步。

图 5-2

(二)低冲击力动作

1.踏步(March)

动作描述:两脚依次抬起,依次落地(图 5-3)。
技术要点:在落地时,踝、膝关节有弹性地缓冲。
动作变化:踏步分腿与并腿、踏步转体。

图 5-3

2.一字步(Easy-Walk)

动作描述:向前一步,后脚并前脚,然后向后一步,前脚并后脚(图 5-4)。
技术要点:前后都要有并腿的过程,两膝始终有弹性地缓冲。
动作变化:向前一字步、斜前 45°的一字步。

图 5-4

3. V 字步（V-Step）

动作描述：一脚向斜前方迈一步，另一脚随之向另一斜前方迈一步，两脚开立，然后再依次退回到原位（图 5-5）。

技术要点：两脚之间的距离略比肩宽，屈膝，身体重心在两腿之间。

动作变化：向前的 V 字步、向后的 V 字步。

图 5-5

4. 漫步（Mambo）

动作描述：一脚向前迈出，重心随之前移，另一脚稍抬起后落下，重心后移，前脚随之后撤落地，重心继续后移，另一脚又稍抬起后落下（图 5-6）。

技术要点：身体重心随动作灵活地前后移动，动作有弹性。

动作变化：向前的漫步、转体的漫步。

图 5-6

5. 并步(Step-Touch)

动作描述:一脚向侧迈一步移重心,另一脚随之并拢屈膝点地。

技术要点:两膝自然屈伸,有一定的弹性,身体重心随之移动(图 5-7)。

动作变化:向侧的并步、转体的并步。

图 5-7

6. 交叉步(Grapevine)

动作描述:一脚向侧迈一步,另一脚在其后交叉,随之一脚再向侧迈一步,另一脚并拢(图 5-8)。

技术要点:脚落地同时屈膝缓冲,身体重心随着脚的迈出而移动。

动作变化:向侧的交叉步,转体的交叉步。

图 5-8

7. **摆腿(Leglift)**

动作描述:一腿站立,另一腿自然摆动,然后还原成并步(图 5-9)。

技术要点:保持上体正直,主力腿注意屈膝缓冲,摆动腿抬起时幅度不要过大且要有控制。

动作变化:向前摆腿,向侧摆腿。

图 5-9

8. **后屈腿(Leg-Curl)**

动作描述:一腿站立,另一腿后屈,然后还原(图 5-10)。

技术要点:主力腿有弹性地屈伸,后屈腿的脚后跟尽量靠近臀部。

动作变化:迈步后屈腿、转体后屈腿。

图 5-10

9. 迈步移重心（Step-Tap）

动作描述：一脚向侧迈一步，落地时两膝弯曲，身体重心移至另一腿，两膝伸直，另一脚尖点地（图 5-11）。

技术要点：重心移动明显，两膝有弹性地屈伸。

动作变化：向侧的迈步移重心、移动中的迈步移重心。

图 5-11

10. 吸腿（Knee-Lift）

动作描述：一腿屈膝上抬，另一腿稍屈膝站立（图 5-12）。

技术要点：大腿与地面平行，主力腿屈膝缓冲，背部挺直。

动作变化：原地吸腿、迈步吸腿。

图 5-12

11. 踢腿(Kick)

动作描述:一腿站立,另一腿加速上摆(图 5-13)。

技术要点:主力腿稍屈膝缓冲,脚后跟紧贴地面,摆动腿直膝上摆,背部挺直。

动作变化:向前踢腿、向侧踢腿。

图 5-13

(三)高冲击力动作

1. 弹踢腿跳(Flick-Jump)

动作描述:一腿跳起,另一腿经屈膝向前下方伸直(图 5-14)。

技术要点:弹踢腿不用很高,但要有控制。

动作变化:向前的弹踢腿跳、向侧的弹踢腿跳。

图 5-14

2.后踢腿跑(Jog)

动作描述:两腿依次经过腾空,一腿落地缓冲,另一腿后伸或上抬,双臂前后自然摆动(图 5-15)。

技术要点:落地时,踝、膝关节有弹性地缓冲,脚后跟要着地。

动作变化:原地的后踢腿跑、转体的后踢腿跑。

图 5-15

3.开合跳(Jumping-Jack)

动作描述:由并腿跳成左右分腿落地,再由分腿跳起成并腿落地(图 5-16)。

技术要点:分腿时,两脚尖外开,膝关节沿脚尖方向弯曲,并腿时,屈膝缓冲。

动作变化:原地开合跳、转体开合跳。

图 5-16

4.点跳(Pony)

动作描述:一腿向侧小跳一次,另一脚随之并拢,两腿垫步跳一次(图 5-17)。

技术要点:两脚轻快起跳落地,身体重心随之平稳移动。

动作变化:左右的点跳、转体的点跳。

图 5-17

5.并步跳(Step-Jump)

动作描述:一脚向前侧迈出,随之蹬地跳起,另一腿并拢成双脚落地(图 5-18)。

技术要点:脚迈出,身体重心随之移动。

动作变化:向前的并步跳、向后的并步跳。

图 5-18

二、上肢动作

(一)手部动作

1.并掌

动作描述:五指伸直并拢,大拇指微屈(图 5-19)。

图 5-19

2.立掌

动作描述:五指伸直并拢,手掌用力上翘(图 5-20)。

图 5-20

3. 开掌

动作描述：五指用力伸直张开（图 5-21）。

图 5-21

4. 屈掌

动作描述：五指自然弯曲张开，手掌用力上翘（图 5-22）。

图 5-22

5.拳型

动作描述:握拳,大拇指在外,指关节弯曲并紧贴食指和中指(图 5-23)。

图 5-23

6.芭蕾舞手型

动作描述:五指并拢,自然伸长,大拇指与中指稍向里合(图 5-24)。

图 5-24

7.西班牙舞手型

动作描述:五指用力张开,小指、无名指、中指自掌指关节处依次屈,大拇指稍内扣(图 5-25)。

图 5-25

(二)手臂动作

1.举

动作描述:以肩关节为轴,臂活动范围不超过 180°并停止在某一位置(图 5-26)。

动作变化:前举、上举、前上举、前下举、侧举、下举、侧下举、侧上举、后下举。

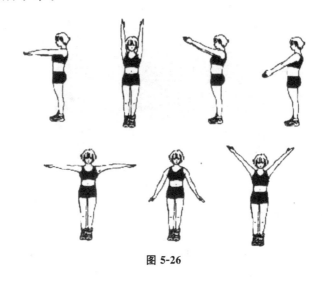

图 5-26

2.屈、伸

动作描述:上臂固定,肘屈伸(图 5-27)。

动作变化:胸前屈、胸前上屈、胸前平屈、肩侧屈、肩侧上屈、肩侧下屈。

图 5-27

3.绕、绕环

动作描述:两臂或单臂以肩为轴线做弧线运动;上臂固定,前臂以肘关节为轴做弧线运动(图 5-28、图 5-29)。

动作变化:两臂或单臂向内、外、前、后绕或环绕。

图 5-28

图 5-29

三、躯干动作

在健美操练习中,躯干部位通常起到稳定身体的作用,因此肌肉力量的平衡尤为重要。发展躯干肌肉的方法有很多,可徒手、使用轻器械或固定器械。下面只介绍发展躯干肌肉的基本动作和方法。

(一)头颈部动作

1.屈

动作描述:头颈关节角度的弯曲,包括前屈、后屈、左屈、右屈(图 5-30)。

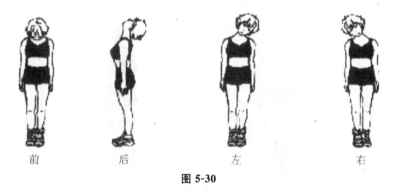

前　　　　　后　　　　　左　　　　　右

图 5-30

2.转

动作描述:头颈部绕身体垂直轴的转动,包括左转、右转(图 5-31)。

— 140 —

图 5-31

(二)胸部动作

1.含展胸

动作描述:直臂或屈臂做内收动作,通常与臂的外展结合进行(图 5-32)。

图 5-32

2.左右移胸、振胸

动作描述:两臂侧平举,胸部左右水平移动;胸部向一个方向有节奏地摆动(图 5-33)。

图 5-33

（三）腰部动作

1. 屈

动作描述：腰部向前或后侧做拉伸运动（图 5-34）。

图 5-34

2. 转

动作描述：腰部带动身体沿垂直轴左右转动（图 5-35）。

图 5-35

3.绕、环绕

动作描述:腰部做弧线或圆周运动(图5-36)。

图5-36

4.波浪

动作描述:两腿并立,从头开始,颈、胸、腰、髋关节依次向侧屈伸,做连贯波浪运动(图5-37)。

图5-37

(四)髋部动作

1.提髋

动作描述:髋向上提翻的动作(图5-38)。

图 5-38

2.顶髋

动作描述:两腿并立,一腿支撑并伸直,另一腿屈膝内扣,上体保持正直,用力将髋顶出去(图 5-39)。

图 5-39

3.摆髋

动作描述:两腿微屈并拢,髋部向左右摆动,腰部要协调配合髋部动作(图 5-40)。

图 5-40

4.绕、环绕

动作描述:髋部做弧线或圆周运动(图5-41)。

图 5-41

第三节　健美操创新编排研究

一、健美操创新编排的要素

(一)动作要素

动作要素是健美操创新编排的主要内容,它主要包括基本步法、动作内容、动作的幅度、动作的力度、动作重复的次数以及动作的起止路线等。

(二)音乐要素

在健美操运动中,音乐是其中非常重要的要素。如果缺少了音乐,那么健美操就失去了灵魂。音乐要素主要包括音乐的风格、节奏和速度三个方面。

(三)空间要素

空间要素主要从动作的方向路线、队形的变化以及移动等方面表现出来。

1.方向路线

作为一个空间因素,方向路线是其中所必不可少的,由于它的存在,健美操运动中的每一个动作都像一颗颗珍珠一样串联起来。如果缺少了方向路线,那就没有动作的前后移动、左右变化、高低起伏。正是因为健美操动作方向路线的变化才将健美操的美丽节奏得以完美呈现出来。这就要求我们在创编动作路线时,方向路线不能太过单一、单调,要进行周全考虑。

2.队形变化及移动

在六人操和集体操的创编中,队形变化及移动是必不可少的空间要素。六人操和集体操需要共同完成某一个动作就必须要通过某一个队形来体现出来,正是这些队形和队形变化以及移动构成了六人操或集体操所独特的编排特点,这些都是单人、混双项目所不及的更富有变化、更美的一项艺术作品。

(四)时间要素

对于健美操完成的质量来说,时间是其中的一个非常重要的制约因素。在对健身性健美操和表演性健美操进行编排时,在时间方面可以进行自由选择,这主要取决于内容的多少、难易程度以及具体任务的需要。而竞技性健美操则不同,在成套动作方面有着非常严格的规定,一套动作规定时间为 1 分 45 秒,有加减 5 秒的宽容时间。

二、健身性健美操的创编步骤

(一)创编前的准备工作

(1)对创编的任务、目的和要求加以明确。

（2）对练习者的基本情况加以了解，包括性别、年龄、运动基础和身体状况等。

（3）对运动场地、锻炼时间、器材设备等条件加以了解。

（4）对与健美操相关的文字资料和音像资料进行学习和观看。

（二）制定总体方案

在了解多方面情况的基础上，制定一个健身性健美操总体设计方案，并确定各个要素。

（1）对类别进行确定，如健身、表演、竞赛。

（2）对风格进行确定，如民族或爵士、优美或刚劲、活泼或刚健。

（3）对音乐进行确定，包括节奏、时间长短。

（4）对难度（大、中、小）、长度（若干个八拍）、速度（X 拍/10秒）"三度"进行确定。

（5）对动作的类型以及高潮的安排进行确定。

如表 5-1 所示，健身性健美操总体方案设计表。

表 5-1 健身性健美操总体方案设计表

操名：	类别：	风格：	音乐：
长度：	难度：	速度：	时间：
内　　容			
节序	每节操名	拍节	主要动作类型

（三）编排动作

在遵循相应原则的基础上，在对音乐进行比较熟悉和理解之后，根据总体方案来对具体的动作进行逐节设计，从而使之与总体设计方案的具体要求相符合,并且所创编的动作能够同伴奏音乐达成统一。

成套动作通常会按照难度从简单到复杂,负荷从小到大的规律来进行编排。在开始阶段,先安排一节热身运动或伸展运动,接着是头部、上肢、肩部、胸部、腰背部、髋部、下肢、全身、跳跃运动,最后是整理运动。每一节的基本姿势和连接方法要达成统一。

(四)记写动作

记写动作与编排动作是同时进行的,在编排的过程中就要把动作记录下来。记写的方法有速记和图解两种。记写的内容和顺序如下。

(1)对每节动作的名称、动作重复次数及节数进行记写。

(2)对动作简图进行绘制。在简图中要包括动作的开始姿势、每一拍动作的主要姿势、动作路线和结束姿势。

(3)对动作说明进行记写。尽量简明扼要地说明动作,术语要正确。按照先下肢后上肢,先左边后右边的顺序来进行记写,并将动作的路线、方向和做法等明确写出。先写明预备姿势,然后对每拍动作的做法和结束姿势进行写明。

(4)对于做操的注意事项进行记写。

(五)练习与调整

根据所编排的动作进行练习。在练习时,可以用调查表将各种情况记录下来,并进行统计和分析,这样能够有效地调整动作。在具体练习过程中,要注意检查以下几方面问题。

(1)动作的长度是否与音乐结束时保持一致。

(2)动作与音乐风格、高潮是否浑然一体。

(3)所采用的运动强度和运动量是否适宜。

(4)动作顺序和动作结构是否合理,是否具有艺术性。

根据测试结果、练习者的反馈信息及创编者的观察研究,来调整和修改动作,并继续进行练习和检查,以获得最佳的效果。

（六）撰写文字说明与绘图

这一环节主要是对材料进行保留,以方便在今后的教学研究、出版或相互交流中继续进行使用。在文字说明方面,要力求做到简明扼要,使用正确的术语,绘图要形象逼真,方向清晰。最好用文图并用的方式进行记录。

三、竞技性健美操成套动作的创编步骤

（一）创编前的准备工作

（1）对竞赛规程、比赛规则和评分标准进行学习和理解。

（2）对有关的音像资料和专业书籍进行收集,对当前竞技健美操发展的趋势和动态进行了解。

（3）对竞赛项目的要求和特点进行研究。

（4）对运动员的个性特点、竞技水平和身体素质状况进行了解。

（二）设计总体方案

1. 确定操的动作风格

竞技健美操的动作风格需要根据运动员和项目的特点来进行确定,要对运动员属于何种类型进行考虑,如活泼型、力量型和舒展型等,并考虑音乐的特色,舞蹈素材等。

2. 选择动作素材

动作素材主要来源于身体各个部分所构成的动作,然后再形成不同类型、不同形式、不同组合的系列动作。

3.总体结构设计与音乐的选配

在设计竞技健美操总体结构方面,主要采用两种方法,具体如下。

(1)根据创编者的整体设想将一套操划分成若干部分或若干段,如开始部分、主体部分和结束部分,然后再对各部分、各段的主要队形、运动路线等进行设计,并确定好各部分、各段的大体节拍数,最后根据操的结构长度、风格以及速度等对音乐进行选择和剪辑。

(2)根据操的具体风格来对音乐进行选择,然后根据音乐的节拍数、高潮起伏等来对操的总体结构进行确定。

总之,操的总体结构设计往往与音乐的选配结合起来进行,在相互制约的同时,根据需要做适当的调整(表5-2)。

表5-2　竞技健美操总体方案设计表

操名：		风格：	难度：		
音乐：	长度：	速度：	时间：		
内容					
部分	段落	主要动作	主要队形（路线）	节拍	备注
开始	1				
主体	2				
	3				
	4				
	5				
结束	6				

(三)分段创编动作

分段编排是把两个八拍以上的动作串联起来的动作组,使之成为一串动作,它是在总体布局与动作设计的基础上进行的,实际上是把成套动作的创编化整为零。

在对成套动作进行创编时,要遵循相应的创编原则,先重点编排开始部分和结束部分,然后根据音乐的长短、结构对主体部分进行创编。根据方案对动作进行创编时,可结合具体实际来对动作和队形进行适当的修改,将动作的创编过程同运动员的局部练习结合起来,也就是说,边创编边修改,从而使成套动作得以完善。在进行创编时,要对相关内容采用速记符号进行记录,避免出现遗忘。

(四)成套动作练习与修改

在进行分段创编之后,成套动作也基本上得以定型,可以采用全套动作进行练习,但由于创编并不是很完善,需要在练习的过程中对成套动作创编的效果进行整体检查。检查之后的修改也是必不可少的,它也是非常重要的创编过程。在其中,一些调整有可能是非常关键的校正,有的可能起到画龙点睛的效果。

(五)撰写文字说明与绘图

这一环节主要是确保能够得以长期保存,并在教学、研究、交流和出版时方便使用。

第六章 体育舞蹈开展与技能分析

体育舞蹈是融艺术、体育、音乐为一体的体育运动。作为国家标准交谊舞,体育舞蹈以身体舞蹈动作为基本内容,伴有轻快的音乐伴奏,对人体的身体素质发展、形体健美、良好气质的培养等具有重要价值。本章重点对体育舞蹈的发展历史与开展现状及对策进行详细阐述,并就体育舞蹈各舞种的具体技能进行深入分析。

第一节 体育舞蹈开展研究

一、体育舞蹈的历史发展

(一)世界体育舞蹈的发展历史

1. 体育舞蹈的起源、演变、形成

体育舞蹈,由社交舞演变而来,它的起源可追溯到人类的原始时期,当时,是人们进行自娱自乐、表演与欣赏的一种舞蹈活动,主要是在同部落的同性之间开展,舞蹈者之间几乎没有任何的身体接触。

男女对舞,最早出现在非洲的民间土风舞中,这些天生就喜欢舞蹈的黑人在农闲时节或者特殊节日,会成群结队地聚集在广

场上跳一种传统的乡村舞蹈,这种舞蹈形式在劳动人民之间逐渐发展起来,在数百年的发展过程中不断汲取劳动人民的文化营养,不断地被加工、革新和创造,最终发展成为现在所看到的各种形式的交际舞。

关于体育舞蹈的最终的文字记载显示,早期体育舞蹈的表现形式出现在早期欧洲农民中,这种舞蹈形式被当地的人们称之为"低舞"(1350—1550 年)和"孔雀舞"(1450—1650 年),均为男女成对而跳。11 世纪,欧洲一些国家王室的舞蹈教师根据宫廷生活礼仪与风俗习惯对民间舞蹈进行改变、加工,使之形成一种具有规范形式的社交舞蹈。

16 世纪时,英国民间出现了一种队列舞蹈,舞者将其称之为"乡村舞",非常受百姓欢迎,在民间广为流传。进入 17 世纪以后,法国民众间开始广泛流行一种"小步舞",进一步丰富了欧洲民间社交舞蹈的内容与形式。

18 世纪,法国大革命以后,欧洲宫廷舞蹈开始流入民间,受到百姓欢迎,成为人们在闲暇之余经常开展的休闲娱乐活动内容。至 18 世纪中期,维也纳郊区和奥地利高山地区开始逐渐产生并流行华尔兹舞,与现代华尔兹舞的内容与形式都非常接近。18 世纪末期,奥地利民间舞蹈开始被上层社会接受,并在王室贵族间广泛流传开来,社交舞蹈成为整个社会阶层都喜闻乐见的社交内容与娱乐休闲活动内容。

19 世纪初,华尔兹出现"近距离的握抱",在当时猛烈抨击了传统的交际舞观念,这一舞蹈形式变化,使得交际舞发生了革命性的变化,华尔兹成为现代意义上的交际舞。

20 世纪初,体育舞蹈进入一个崭新的发展时期。各种突破传统舞蹈观念的"近距离接触"的各种社交舞应运而生并广泛流行,如波尔卡。体育舞蹈中的其他舞种在劳动人民中开始萌生并发展成熟。

1924 年,英国皇家舞蹈教师协会对当时欧美流行的各种社交舞蹈进行了规范、整理,并制定成统一的标准,颁布了华尔兹、探戈、狐步、快步四个舞种的步法,并将其统称为摩登舞。摩登舞体系初步建立。

为了便于普及并进一步提高大众的参与意识,体育舞蹈开始向规范化、竞技化的方向发展。1947年,第1届世界标准交谊舞锦标赛在德国柏林举办。1950年,第1届国标舞大赛及黑池舞蹈节在英国成功举办,并将规范后的舞蹈命名为"国际标准交谊舞"。

1957年,体育舞蹈的第一个国际组织——"国际业余舞蹈者理事会"(ICAD)成立,1956年,IADF更名为"ICAD"(国际业余舞蹈理事会),1990年ICAD再次更名,更名为国际体育舞蹈联合会(IDSF),为进一步促进体育舞蹈的国际化奠定了组织基础。国际体育舞蹈组织的出现并不断变革,为推动体育舞蹈在全世界的发展起到了重要的组织推动作用。

1960年,世界舞蹈组织整理增加了拉丁舞蹈,拉丁舞正式成为世界锦标赛比赛项目。1964年后,国际标准交谊舞比赛中增设集体舞,体育舞蹈的内容得到了进一步的丰富和发展,至此,摩登舞、拉丁舞、集体舞共同构成了完整的体育舞蹈体系(图6-1)。

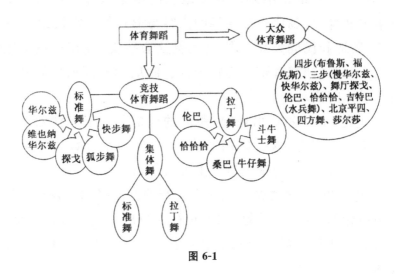

图6-1

2.体育舞蹈的发展与完善

20 世纪 80 年代以后,国际标准舞的运动水平越来越高,规则更加严格,国际标准舞种的标准的统一使得运动员之间的竞技较量越来越强,很多国家开始致力于推动国际标准舞的发展,希望借此建设体育竞技强国。在这样的国际大背景下,国际标准舞开始逐渐产生出一个新的名字——体育舞蹈。名称上的改变为国际标准舞注入了体育这一新的活力,体育舞蹈迎来了一个新的发展时期。

当前体育全球化发展背景下,任何一个体育项目的发展最终都要走全球竞技化发展道路,体育舞蹈也不例外,自从"体育舞蹈"的名称正式确立以后,它就以惊人的速度快速发展,各类竞赛为体育舞蹈提供了更加广阔的表现平台。[①]

体育文化的全球性发展,体育舞蹈迅速覆盖全世界,群众基础不断扩大,为了促进本国体育舞蹈的发展,世界各个国家纷纷成立体育舞蹈委员会,并积极加入 IDSF,体育舞蹈成为受众最广泛的体育运动项目之一,并具有较大的国际影响力,这为体育舞蹈进入奥运会奠定了重要的基础。

1996 年,巴塞罗那奥运会上,体育舞蹈表演精彩绝伦,进一步扩大了体育舞蹈的影响,次年,IDSF 正式得到了国际奥委会的认可,成为体育舞蹈的唯一国际组织。2000 年第 27 届悉尼奥运会闭幕式上,体育舞蹈再次给全世界人们带来一场美好的视觉享受。此后,体育舞蹈虽然一直没有被列为奥运会正式比赛项目,但是,体育舞蹈在全世界范围内的影响不断扩大,国际体育舞蹈界为促进体育舞蹈的进一步发展仍在不懈努力,并取得了显著的成果。

2001 年的日本秋田世界运动会、2005 年的亚洲室内运动会、2010 年第 16 届亚运会,体育舞蹈都是正式的比赛项目。

---

① 付明忠.体育舞蹈的起源与发展[J].大舞台,2013(2).

体育舞蹈以其独特的运动魅力和文化吸引着世界各国、各地区人们的参与,体育舞蹈不仅有良好的健身、塑形价值,还能为舞者的心理健康的发展奠定良好的基础,并促进不同舞者之间的交往,体育舞蹈以其独特的魅力而深受社会大众的广泛喜爱,群众基础广泛,这进一步促进了体育舞蹈的发展。

进入 21 世纪的十多年来,世界体育舞蹈发展迅速,运动员技能水平不断提高,世界体育舞蹈的格局也在发生着不断变化,呈现出"百花齐放"的局面。

(二)中国体育舞蹈的发展历史

体育舞蹈于 20 世纪 30 年代传入我国,最初在沿海几个大城市流行,20 世纪 80 年代以后,国外国际标准交谊舞专家多次来我国进行表演与教学,我国体育舞蹈的发展局面迅速打开,国内掀起了体育舞蹈的学习热潮。

1991 年,我国成立中国体育舞蹈协会,开始举办各种形式的体育舞蹈培训班与体育舞蹈比赛。1994 年,我国正式加入国际舞蹈运动联合会,开始了中国体育舞蹈走向世界的新局面,我国体育舞蹈运动员积极参加国际比赛,并取得了良好的成绩。

2002 年,原中国体育舞蹈协会与中国业余舞蹈竞技协会联合组成中国体育舞蹈联合会,国家体育总局接管体育舞蹈,体育舞蹈被正式纳入体育运动。进一步为规范和推动我国体育舞蹈的发展奠定了良好的组织基础。

2004 年,我国体育舞蹈选手栾江和张茹获得了黑池大赛职业新星拉丁组冠军,实现了我国金牌零的突破。

2010 年广州亚运会,体育舞蹈被列为正式比赛项目,我国体育舞蹈队创造了历史佳绩:包揽 10 个单项的金牌。2011 年,我国体育舞蹈队参加黑池舞蹈比赛,包揽拉丁舞前三名。我国体育舞蹈发展速度之快、水平之高令全世界瞩目,我国的体育舞蹈被誉为"亚洲体育舞蹈发展的发动机"。①

2016年4月,世界体育舞蹈精英赛暨第2届中国京津冀体育舞蹈公开赛顺利开赛,有10余个国家和地区的体育舞蹈优秀运动员参加了比赛,这是我国体育舞蹈比赛中级别较高的一项赛事,我国作为新生代的体育舞蹈发展国,表现出了良好的竞技水平。

二、体育舞蹈的开展现状

这里重点对我国体育舞蹈的开展现状进行分析。

(一)体育舞蹈教学开展现状

体育舞蹈具有多元教育价值,能促进学生的身心健康发展,增强学生体质,提高学生健康水平,培养学生优美的体态和高尚的情操,是学校体育教学重点选修课程之一。

以高校体育舞蹈教学为例,对我国学校体育舞蹈教学现状具体分析如下。

1.学生体育舞蹈认知现状

整体来看,我国大学生对体育舞蹈的认知现状表现出三个方面的主要特征,即大学生对体育舞蹈普遍持欢迎态度;大学生中真正深入了解体育舞蹈内涵的学生并不多;和农村生源相比,城镇大学生了解和参与体育舞蹈的积极性与主动性更高。

2015年一项针对高校学生对体育舞蹈课程态度的专项调查显示,高校大学生对体育舞蹈普遍采取欢迎的态度,并支持高校开设体育舞蹈教学课程(表6-1)。

---

① 马士珍.体育舞蹈文化在我国的传播及发展研究[D].山东师范大学,2014.

表 6-1　高校学生对开设体育舞蹈的情况调查①

整体	女生	男生
有必要	76.45%	84.42%
可有可无	20.37%	13.81%
没必要	1.11%	0.75%
弃权	2.07%	1.01%

关于高校大学生体育舞蹈认知,可简单理解为高校大学生对体育舞蹈的认识程度,这种认识对大学生进一步深入进行体育舞蹈的学习与参与具有重要的动力和动机影响。当前,大学生了解体育舞蹈、认识体育舞蹈主要是通过电视传媒这一媒介,而只有8%的学生是通过学校的宣传认识体育舞蹈的(图 6-2),学校在体育舞蹈推广、普及、宣传方面并没有起到主要的推动作用,这一点值得我们深思。

图 6-2

在不同生源对体育舞蹈的认知方面,就城镇大学生来讲,由于家庭经济、教育背景等因素,家长对子女的培养非常重视,有相当一部分学生在小时候就接触过舞蹈培训,他们对体育舞蹈的认知较为深刻,能充分认识到体育舞蹈对身心健康的促进作用,对参与体育舞蹈的积极性较高,是高校体育舞蹈的主修学生人群。而就来自农村的大学生而言,他们之前较少接触舞蹈,多以学业

① 王微.多视角下我国体育舞蹈的发展研究[D].武汉体育学院,2016.

为重,对体育舞蹈的了解很少或者了解的只是皮毛,同时,受传统思想观念影响,羞于与异性接触,参与体育舞蹈的人数比例并不多。

2.体育舞蹈课程设置现状

现阶段,体育舞蹈已经被列入我国高校的体育教学大纲中,许多高校在体育教学中已经开设了体育舞蹈这一课程项目。目前,高校开展体育舞蹈课程主要形式有三种,即必修课、选修课、俱乐部。大学生能够以自己的兴趣选择自己感兴趣的体育舞蹈课程项目,在体育舞蹈所有课程中,热情奔放的拉丁舞更受学生喜爱(图 6-3)。

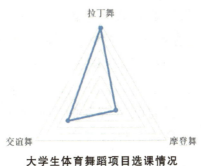

大学生体育舞蹈项目选课情况

图 6-3

通过对我国 31 所普通高校的体育舞蹈课程设置情况进行调查发现,体育舞蹈课程已经覆盖全部被调查的院校,且体育舞蹈课程形式多样化(表 6-2)。但是,通过调查也发现一个问题,即多数院校开设体育舞蹈的时间较短,体育舞蹈舞种项目较多,每个舞种都有着丰富的内容和多元特点,且技术学练比较复杂,只在一个学期或者 2～3 个学期开设体育舞蹈,短时间的教学并不利于良好体育舞蹈教学效果的取得,学生很难全面掌握体育舞蹈的系统内容与内涵。

表 6-2　高校体育舞蹈课程设置调查(N＝31)

开设形式			开设年限				学年制		
必修课	选修课	俱乐部	10 年以上	7～8 年	3～5 年	2～3 年	3～4 学期	2～3 学期	1 学期
13	18	10	6	19	2	4	10	19	2

3.体育舞蹈师资建设现状

调查发现,当前各高校的体育舞蹈师资建设现状并不理想,主要存在教师专业知识不足、教学经验较少的问题。

体育舞蹈内容丰富,其各舞种的教学有着很强的专业性,这就要求体育教师应熟悉体育舞蹈的各舞种文化与技术特点,并能在体育教学过程中很好地调动学生的学习积极性、突出各舞种的学练特点,使学生能有效区分并熟悉掌握各个舞种的特色与技术特点。然而调查发现,现任体育舞蹈教师的专业知识并不高,即使有一些高职称的体育教师,体育舞蹈专业水平高,但存在教学能力不足的问题。真正的既有较强的专业体育舞蹈知识又具有较强的执教能力的体育舞蹈教师人数并不多。究其原因,我国高校开设体育舞蹈课程的时间相对较晚,体育舞蹈正式进入体育专业的时间是 1997 年,在体育舞蹈师资力量培训方面比较欠缺,大部分从事体育舞蹈的教师都是从别的课程的教学中转来的,因此教师的体育舞蹈专业程度很难得到保障,教学方法和模式多为其他体育课程的挪用,难以与体育舞蹈专项教学有机结合起来。近年来,随着我国高校体育舞蹈开设年限的不断增多,已经初步培养了一批体育舞蹈专业体育人才,体育舞蹈教师专业知识不足的情况正在逐渐得到改善。

数据表明,我国普通高校的体育舞蹈教师普遍比较年轻,从事教学的时间短,教学经验较为欠缺,调查发现,具有 10 年以上体育舞蹈教学经验的教师比例约为 38.3％,大多数体育舞蹈教师的教龄在 5 年至 10 年间,约占体育舞蹈教师总数的 46.7％(表 6-3)。体育舞蹈教师年轻化是一个比较明显的现象,要想进一步完善现代高校体育舞蹈教学,还需要体育舞蹈教师不断丰富专业知识,不断丰富和提高自身的教学能力,不断提高职业素养。

表6-3　高校体育舞蹈教师教龄调查(N=60)

	10年以上	6~10年	5年以下
人数与所占比	23(38.3%)	28(46.7%)	9(15%)

4.体育舞蹈教学条件现状

当前我国高校体育舞蹈场地比较缺乏,据调查发现,有近65%的学校不在室内进行体育舞蹈的教学,而是在室外开展体育舞蹈教学,或者借用其他体育专业场馆开展体育舞蹈教学,在专用场地上进行体育舞蹈课程教学的仅有12.9%(表6-4)。

表6-4　高校体育舞蹈教学场地调查(N=31)

	室外上课	专用场地上课	室内篮球馆上课
学校所占比	64.5%	12.9%	22.6%

场地是体育舞蹈的重要物质基础,体育舞蹈对场地条件要求较高,要求舞蹈场地宽敞,地面要保持一定的光滑度。以摩登舞教学为例,摩登舞的学练有身体重心的升降变化,需要完成一些"滑步"动作,并需要学生穿专门的舞鞋学练,场地不标准会产生舞步移动中的阻力,不利于良好学练效果的取得,还容易造成学生受伤。当前,专业教学场馆缺乏严重制约了高校体育舞蹈的发展。

(二)体育舞蹈市场开展现状

体育舞蹈能满足大众健身健美和精神需求,具有良好的市场发展活力与前景,目前,我国体育舞蹈产业发展良好,在体育舞蹈健身与体育舞蹈竞技化发展的促进下,体育舞蹈培训业与体育舞蹈用品产业发展态势良好。

当前,随着我国体育舞蹈竞技水平的不断提高,加上群众性体育舞蹈热情高涨,使体育舞蹈培训业市场更广阔。

近几年,我国体育舞蹈培训市场发展迅猛,大多数体育舞蹈培训机构主要是依托高校引进高校体育舞蹈教师,或者是聘请体育舞蹈运动员或教练员开设俱乐部进行私营培训,也有一部分是政府设置的体育舞蹈培训机构。调查显示,当前,我国"民营"体育舞蹈培训机构在体育舞蹈市场中占据较高比例,为 37％,这些培训机构多集中在商业区、住宅、校园周边,往往呈现出某一个地段多家体育舞蹈培训机构密集出现的情况。①

体育舞蹈的大众化、竞技化发展不仅促进了体育舞蹈培训业的兴起,也促进了体育舞蹈用品业的繁荣。我国体育舞蹈产品的生产与经营逐渐走向了产业化发展的道路,不仅能满足广大人民的日常体育舞蹈参与需求,也有能力为体育舞蹈竞技运动员提供专业的体育舞蹈服装及用品,当前,我国两个具有高知名度的体育舞蹈服装定制品牌——深圳的东鑫舞服和北京的 LISA 舞服,已经具备了体育舞蹈品牌的国际化水平,在多次赛事中为运动员设计服装,在世界体育舞蹈服装界具有较高的知名度。

体育舞蹈业的兴起与发展不仅满足了大众体育舞蹈健身学练需求,也营造了良好的体育舞蹈社会环境,有利于社会体育舞蹈人才的发现与培养,同时,也极大地促进了我国体育产业与国民经济的发展。

三、体育舞蹈的对策分析

(一)加强体育舞蹈的社会、教育宣传

体育舞蹈具有多元价值,具有良好的群众基础和学生基础,要促进我国体育舞蹈的进一步发展,必须在保证体育舞蹈必要投入的基础上,利用体育舞蹈的专业特点,加强体育舞蹈的社会、教

---

① 王微.多视角下我国体育舞蹈的发展研究[D].武汉体育学院,2016.

育宣传,以吸引更多的社会成员关注,促进企业和商家的赞助、支持,促进体育舞蹈的进一步的市场化发展、竞技水平提高和高校体育舞蹈教学的发展。具体可从以下几方面入手。

(1)加强对体育舞蹈运动的文化、功能、价值等的宣传,充分调动大众、高校学生参与体育舞蹈的积极性和主动性。

(2)加强各校体育舞蹈之间的交流与合作,促进体育舞蹈运动在大学生中的普及。

(3)增加比赛次数,进一步扩大体育舞蹈在社会大众中的影响,同时,促进我国体育舞蹈运动员比赛经验的丰富和竞技比赛水平的不断提高。

(二)重视体育舞蹈物质条件的改善

体育舞蹈的发展离不开物质条件的支持,要促进体育舞蹈的发展,离不开其所依托的物质条件的支持。

一方面,应重视体育舞蹈新场地、场馆的建设。我国应增加对体育舞蹈运动开展的相关基础设施建设,增加多功能体育场馆的建立并鼓励体育场馆建设专业的体育舞蹈场地。同时,为高校体育舞蹈教学条件的改善提供政策与资金支持。

另一方面,应重视对现有的体育舞蹈场地、器材的改造再利用。以我国高校体育舞蹈教学为例,在当前高校体育教学资金有限的情况下,建设新的体育舞蹈场地、采购新的体育舞蹈器材不太现实,可以考虑通过修缮现有的篮球场、体育馆等,加设镜子、改造地面材料等,开展体育舞蹈教学。

(三)加强多元化体育舞蹈人才的培养

1.加强体育舞蹈教师培养

针对当前我国体育舞蹈师资现状及其问题,应做好以下工作。

(1)提高体育舞蹈教师的专业水准,引进高学历和在体育舞蹈教学能起带头人作用的教师,丰富体育舞蹈教师数量、完善体育舞蹈教师学历结构。

（2）加强在职教师培训。重视体育舞蹈专业知识与教学能力培训,加强学习,促进教学观念的与时俱进。

（3）高校之间要积极开展一些体育舞蹈教师交流活动,相互促进体育舞蹈专业业务和教学水平的提高。

（4）鼓励体育舞蹈教师积极投身教学改革,提高体育舞蹈教师待遇,调动他们体育舞蹈教学、科研、创新的积极性。

2.重视体育舞蹈后备竞技人才培养

包括对体育舞蹈运动员和裁判员的培养两个方面。

首先,充分依托我国高等院校的体育舞蹈教育平台,重视体育舞蹈在青年学生中的普及、推广,并发掘和培养一批具有发展潜力的体育舞蹈后备人才。

其次,加强体育舞蹈后备人才的科学规划与管理,避免体育舞蹈人才因毕业、舞伴拆档、经济等原因而放弃继续从事体育舞蹈,避免体育舞蹈人才的不科学流动、流失,采取分散和集中相结合的管理与培养模式,改变体育舞蹈后备人才单打独斗的局面。①

最后,加强我国体育舞蹈裁判员,尤其是高级裁判员的培训,进一步完善体育舞蹈人才结构。

(四)结合市场经济环境发展体育舞蹈

结合市场,科学促进体育舞蹈的发展。在当前市场经济条件下,体育舞蹈产业的发展必须走规范化、科学化的发展道路。

就政府角度来说,应结合体育舞蹈市场制定必要的发展策略,有计划、有目标地进行体育舞蹈市场管理与引导,避免体育舞蹈市场发展的盲目性与资源浪费,使体育舞蹈在科学、可持续发展中不断体现自身多元价值,并进行经济创收。②

---

① 赵倩.我国体育舞蹈运动发展的历程、动因及路径[J].浙江体育科学,2013,35(1).
② 王佳敏.我国体育舞蹈发展现状与对策的研究[J].当代体育科技,2015(31).

(五)突出体育舞蹈的中国特色与创新

体育舞蹈起源于西方,依托于西方体育思想与体育文化不断演变、发展,西方体育文化在体育舞蹈的发展中起到了重要的影响作用。我国开展体育舞蹈的时间相对较晚,体育舞蹈中的中国特色与中国元素并不多见。

创新是发展的重要灵魂与推动力,体育舞蹈的快速发展要求其自身的不断创新,我国具有丰富的音乐、舞蹈文化,并具有高度的欣赏与传承价值,体育舞蹈期待创新,我国在体育舞蹈的创新方面具有良好的优势。

首先,可以在体育舞蹈的集体舞方面突破人数限制,这符合我国体育舞蹈参加者众多且活动场所多在公园的实际情况。[①]

其次,可以结合我国丰富的音乐与舞蹈元素进行体育舞蹈的创编创新。例如,2010 年 IDSF 摩尔多瓦体育舞蹈锦标赛上,摩尔多瓦体育舞蹈集体舞比赛中,全都使用中国原创音乐配乐,引起了全场极大的反响,最终凭借出色的舞技及新颖的音乐伴奏斩获亚军。这对在我国体育舞蹈的发展创新中考虑加入中国传统音乐、现代流行音乐元素来说是一个非常好的启示。

第二节　拉丁舞基本技能分析

一、伦巴舞舞蹈技能分析

伦巴舞(Rumba)被誉为"拉丁之魂",是典型的拉丁舞蹈,具有柔媚抒情、舒展优美、婀娜多姿的风格特点。技能特点方面不强调大幅度的移位。

---

① 刘容娟.体育舞蹈中国创新发展路径略论[J].运动,2011(16).

(一)基本舞步

伦巴舞的基本动作是伦巴舞的基础舞步,也是其他拉丁舞的技能动作基础,技术动作如图 6-4 所示。

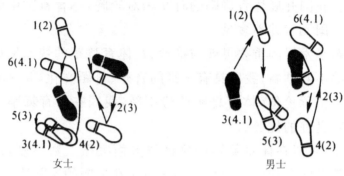

女士　　　　　　　　　　　男士

图 6-4

(1)男舞伴左足前进,胯左后摆转(前脚掌平面);女舞伴右足后退,髋右后摆转(重心外展)。

(2)男舞伴重心移至右足,胯右后摆转;女舞伴重心前移至左足,胯左后摆转。

(3)男舞伴左足横步稍后,胯经前向左后摆转;女舞伴右足横步稍前,胯经前向右后摆转。

(二)扇形步

1 小节 3 步,如图 6-5 所示。

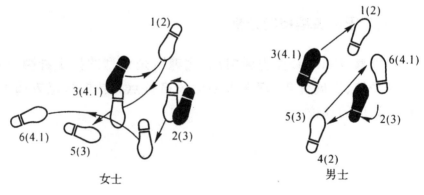

女士　　　　　　　　　　　男士

图 6-5

（1）男舞伴右脚后退；女舞伴左脚前进，准备向左转。

（2）男舞伴重心前移至左脚，右手带领女舞伴左转；女舞伴上右脚准备左转，右脚后退。

（3）男舞伴右脚与女舞伴分离，左手握女舞伴右手；女舞伴左脚后退；男舞伴重心移至右脚，摆右胯；女舞伴重心移至左脚，右胯摆转。

（三）曲棍步

2小节6步，舞步技术动作如图6-6所示。

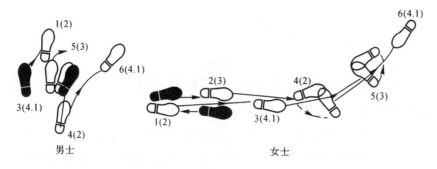

图 6-6

（1）男舞伴左脚前进；女舞伴右脚收并左脚，拧胯，重心移至右脚收腹上提，两脚相夹。

（2）男舞伴重心后移至后脚，收腹上展；女舞伴左脚前进，手臂打开。

（3）男舞伴左脚并右脚，左手拇指向下锁住女舞伴；女舞伴右脚前进，手臂前上。

（4）男舞伴右脚后退，右转25°，手指相接；女舞伴左脚向左斜出前25°前进。

（5）男舞伴重心前移至左脚；女舞伴右脚横步稍前，左转5/8周与男舞伴相对位。

（6）男舞伴右脚前进，从第4步至第6步共转1/8周；女舞伴左脚后退，从第4步至第6步共转5/8周。

(四)右分展步

1小节3步,舞步技术动作如图6-7所示。

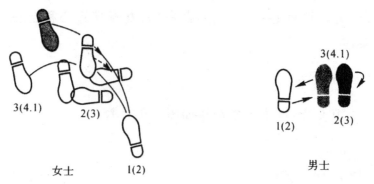

图 6-7

(1)男舞伴左脚横步稍前,右手扶着女舞伴(腰有立度);女舞伴右脚后退,右脚转1/2周。

(2)男舞伴重心移至右脚;女舞伴重心移至左脚,左转1/4周。

(3)男舞伴左脚并右脚;女舞伴右脚横步,向左转与男舞伴合成闭式舞姿。

二、恰恰恰舞蹈技能分析

恰恰恰(Chachacha)是拉丁舞中最年轻的一种舞蹈,风格诙谐俏皮,舞步利落花俏,有很多模仿企鹅的动作。

(一)基本舞步

共5步,初学者可先不加胯部技术动作(图6-8、图6-9)。

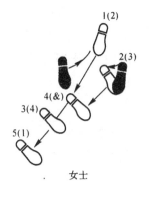
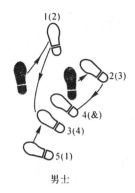

女士 男士

图 6-8

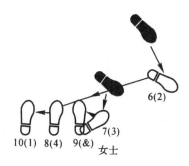
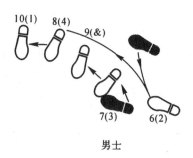

女士 男士

图 6-9

（1）男舞伴左脚前进；女舞伴右脚后退，步子稍小些，身体上展。

（2）男舞伴重心移回右脚；女舞伴重心移回左脚。

（3）男舞伴左脚横步；女舞伴右脚横步。

（4）男舞伴右脚向左并步，屈膝；女舞伴左脚向右并步，屈膝。

（5）男舞伴左脚横步，直膝；女舞伴右脚横步，直膝。

（6）男舞伴右脚后退；女舞伴左脚前进。

（7）男舞伴左脚原地踏一步；女舞伴右脚原地踏一步。

（8）男舞伴右脚横步；女舞伴左脚横步。

（9）男舞伴左脚向右并步，踮脚跟双膝稍弯；女舞伴右脚向左并步，踮脚跟，双膝稍弯。

（10）男舞伴右脚横步，直膝；女舞伴左脚横步，直膝。

（二）扇形步

恰恰恰的扇形步从闭式舞姿开始，两人同时打开扇形位（图6-10）。

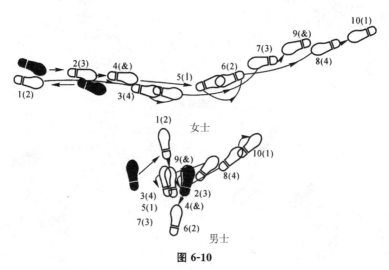

图6-10

（1）手臂握持，运步过程中，手保持张力和拉力。

（2）同基本步的前半部分，女舞伴后退时在男舞伴拉力下上展。

（3）横步动作尽可能小，可稍休息。

（4）上身与下身感受保持一致，根据音乐决定舞步大小和轻重。

（5）男舞伴手臂向上做扇形步引导，有返身动作。

（6）男舞伴右脚后退，右转1/8周；女舞伴左脚前进。

（7）男舞伴左脚原地踏一步，左转1/4周；女舞伴右脚横步稍后，左转。

（8）男舞伴右脚横步；女舞伴左脚后退。

（9）男舞伴左脚并右脚，手臂在胸前向外展；女舞伴右脚并左脚。

（10）男舞伴右脚横步，稍前，打开成扇形步；女舞伴左脚横步，稍前，体会男舞伴引导的张力。

(三)右陀螺转

由闭式舞姿开始,舞步技术动作如图 6-11 所示。

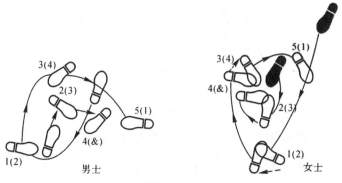

图 6-11

(1)男舞伴右脚掌踏在左脚后,脚尖向外,左脚掌向右转;女舞伴左脚掌横步向右转。

(2)男舞伴左脚横步,右转;女舞伴右脚在左脚前交叉,右转。

(3)男舞伴同第 2 步动作,右转;女舞伴则继续右转。

(4)男舞伴同第 3 步的动作,继续右转;女舞伴则继续右转。

(5)男舞伴右脚横步,右转一周完毕;女舞伴动作同第 2 步动作,右转一周完毕。

三、桑巴舞舞蹈技能分析

桑巴舞(Samba)起源于非洲,形成于巴西,是巴西特色民族舞蹈,舞蹈热情奔放,富有动感,有较多的弹跳动作。

(一)原地桑巴步

从闭式舞姿开始,舞步技术动作如图 6-12 所示。

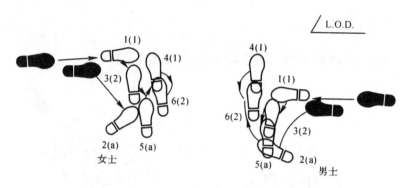

图 6-12

（1）男舞伴左脚前进小步；女舞伴右脚前进小步。

（2）男舞伴右脚后退，伸直后掌，重心半移至右脚；女舞伴左脚后退，伸直后掌，重心半移至左脚。

（3）男舞伴左脚向右脚方向后拖一步；女舞伴右脚向左脚方向后拖一步。

（4）男舞伴右脚前进小步；女舞伴左脚前进小步。

（5）男舞伴左半腿后退，伸直后撑，重心半移至左脚；女舞伴右脚后退，伸直后撑，重心半移至右脚。

（6）男舞伴右脚向左脚方向后拖一小步；女舞伴左脚向右脚方向后拖一小步。

（二）叉形步

叉形步，即一脚叉在另一脚后的舞步动作（图 6-13）。

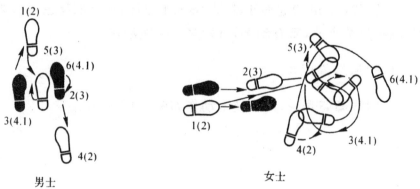

图 6-13

（1）男舞伴左脚横步；女舞伴右脚横步。

（2）男舞伴右脚尖点踏在左脚跟后交叉点；女舞伴左脚尖点踏在右脚跟后交叉点。

（3）男舞伴重心移至左脚,屈膝；女舞伴重心移至右脚,屈膝。

（4）男舞伴右脚横步；女舞伴左脚横步。

（5）男舞伴左脚尖点踏在右脚跟后交叉点；女舞伴右脚尖点踏在左脚跟后交叉点。

（6）男舞伴重心移回右脚；女舞伴重心移回左脚。

(三)旁步

桑巴的旁步的完整舞步技术动作如图 6-14 所示。

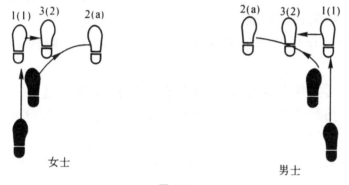

图 6-14

（1）男舞伴右脚前进；女舞伴左脚前进。

（2）男舞伴左脚向旁横步,重心移一半,右转 1/4 周；女舞伴右脚向旁横步,重心移一半,左转 1/4 周。

（3）男舞伴右脚向左拖退一小步；女舞伴左脚向右拖退一小步。

(四)P.P.舞姿的桑巴走步

P.P.舞姿的桑巴走步技术动作如图 6-15 所示。

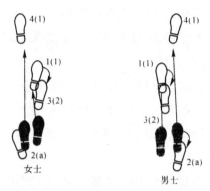

图 6-15

（1）男舞伴右脚前进（脚掌平进）；女舞伴左脚前进（脚掌平进）。

（2）男舞伴左脚脚尖向后退，左腿伸直后撑；女舞伴右脚脚尖向后退，右腿伸直后撑。

（3）男舞伴右脚向后拖退一小步；女舞伴左脚向后拖退一小步。

（4）男舞伴左脚前进；女舞伴右脚前进（脚掌平进）。

（5）男舞伴右脚脚尖向后退，右腿伸直后撑；女舞伴左脚脚尖向后退，左腿伸直后撑。

（6）男舞伴左脚稍向后拖一小步；女舞伴右脚稍向后拖一小步。

四、牛仔舞舞蹈技能分析

牛仔舞热情欢快，舞步敏捷，节奏快，非常耗体力。

（一）连步摇摆

连步摇摆是从开式舞姿到闭式舞姿的连接步（图 6-16）。

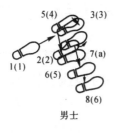
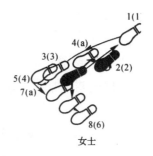

男士

女士

图 6-16

（1）男舞伴左脚后退；女舞伴右脚后退。

（2）男舞伴右脚原地踏一步；女舞伴左脚原地踏一步。

（3）前进，女舞伴右脚前进。

（4）男舞伴右脚向左脚半并步；女舞伴左脚向右脚半并步。

（5）男舞伴左脚前进；女舞伴右脚前进，都成闭式。

（6）男舞伴右脚横步；女舞伴左脚横步。

（7）男舞伴左脚向右脚半并步；女舞伴右脚向左脚半并步。

（8）男舞伴右脚横步；女舞伴左脚横步。

（二）美式疾转

美式疾转的完整舞步动作如图 6-17 所示。

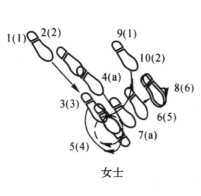
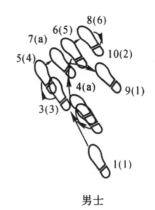

女士

男士

图 6-17

（1）男舞伴左脚后退；女舞伴右脚后退。

（2）男舞伴右脚原地踏一步；女舞伴左脚原地踏一步。

（3）男舞伴左脚进一小步；女舞伴右脚前进。

（4）男舞伴右脚向左脚半并步；女舞伴左脚向右脚后退一小步。

（5）男舞伴左脚前进，右手腕推女舞伴手，使其在后半拍时旋转；女舞伴右脚前进，脚掌为轴，在后半拍时快速右转 1/2 周。

（6）男舞伴右脚小横步；女舞伴左脚横步，继续右转 1/2 周。

（7）男舞伴左脚向右脚半并步；女舞伴右脚向左脚半并步。

（8）男舞伴右脚横步；女舞伴左脚横步。

（三）倒步抛掷

男舞伴推抛女舞伴，使女舞伴经过自己身前再甩开（图 6-18）。

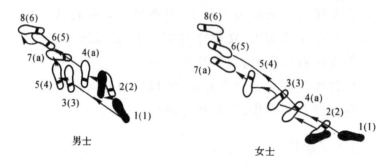

图 6-18

（1）男舞伴右脚前进；女舞伴左脚前进。

（2）男舞伴左脚横步，左手向外带领将女舞伴从身前向左边甩出；女舞伴右脚横退，左转。

（3）男舞伴右脚向左脚半并步；女舞伴左脚经男舞伴身前向前进。

（4）男舞伴左脚横步；女舞伴右脚横步。

（5）男舞伴右脚原地踏一步；女舞伴左脚原地踏一步。

（6）男舞伴左脚后退；女舞伴右脚后退。

（7）男舞伴右脚前进；女舞伴左脚前进。

（8）男舞伴左脚向右脚半并步；女舞伴右脚向左脚半并步。

（四）鸡行步

鸡行步的完整舞步技术动作如图 6-19 所示。

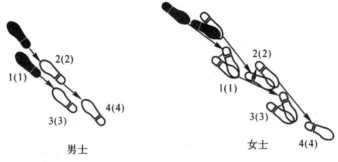

图 6-19

（1）男舞伴左脚后退；女舞伴右脚前进，脚尖外开。

（2）男舞伴右脚后退；女舞伴右脚掌左拧，左脚前进。

（3）男舞伴左脚后退；女舞伴同第一步。

（4）男舞伴右脚后退；女舞伴同第二步。

（5）男舞伴左脚后退；女舞伴同第一步。

（6）男舞伴右脚后退；女舞伴左脚向男舞伴前进。

五、斗牛舞舞蹈技能分析

斗牛舞的舞蹈过程中非常重视男舞伴的引领，故称"男人的舞蹈"。斗牛舞脚步干净利落，无胯部扭动动作，但有大幅度的旋转与跳跃，表现斗牛士的潇洒、勇猛。

（一）基本舞步

由站闭式舞姿开始，舞步技术动作如图 6-20 所示。

（1）男舞伴右脚前进；女舞伴左脚后退。

（2）男舞伴左脚前进；女舞伴右脚后退。

以上动作重复跳八步形成向左行进的弧线。

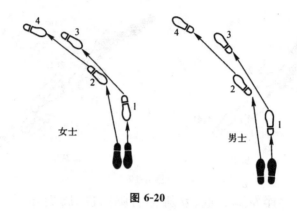

图 6-20

(二)攻进步

由站立闭式舞姿开始,开始时男舞伴面对中央,结束时男舞伴背对舞程线(图 6-21)。

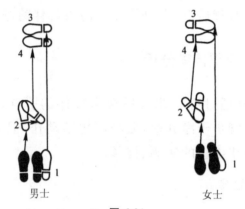

图 6-21

(1)男舞伴右脚原地踱步;女舞伴左脚原地踱步。

(2)男舞伴左脚前进一大步,左手轻推女舞伴,后半拍时左转 1/4 周;女舞伴右脚后退一大步,后半拍时左转 1/4 周。

(3)男舞伴右脚向旁大步滑出,屈膝成大弓步,左脚直腿旁伸,左臂向外划弧旁伸,与腰同高,身向左倾斜;女舞伴由男舞伴带领做相反的动作。

(4)男舞伴左脚收回并步;女舞伴右脚收回并步。

(三)推离步

由站立闭式舞姿开始,男舞伴背对舞程线(图 6-22)。

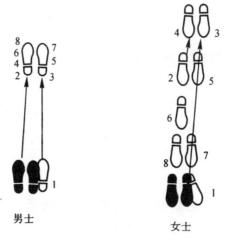

男士　　　　　　　女士

图 6-22

(1)男舞伴右脚原地踱步,左手下放至腰部;女舞伴左脚原地踱步,右手下放至腰部。

(2)男舞伴左脚前进一大步,左手前推女舞伴(不放开手),右手放开,使其后退;女舞伴右脚借男舞伴推势后退一大步,膝稍弯。

(3)男舞伴右脚向左脚并步;女舞伴左脚小步后退,渐渐直膝。

(4)男舞伴左脚原地踏步与女舞伴成开式舞姿;女舞伴右脚向左脚并步,直膝。

(5)男舞伴右脚原地踏步;女舞伴左脚前进小步。

(6)男舞伴左脚原地踏步;女舞伴右脚前进小步。

(7)男舞伴右脚原地踏步;女舞伴左脚前进小步。

(8)男舞伴左脚原地踏步;女舞伴右脚前进小步。

第三节　摩登舞基本技能分析

一、华尔兹舞蹈技能分析

华尔兹，又称"慢华尔兹"，是表现爱情的舞种，具有动作流畅、旋转性强、服装华丽、音乐优美等特点。

(一)前进步

华尔兹前进步的基本舞步如图 6-23 所示。

(1)男舞伴左足前进；女舞伴右足后退。

(2)男舞伴右足横步；女舞伴左足横步。

(3)男舞伴左足并于右足；女舞伴右足并于左足。

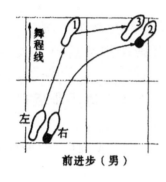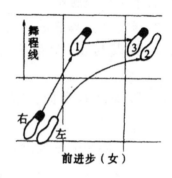

图 6-23

(二)换并步

华尔兹换并步的基本舞步如图 6-24 所示。

(1)男舞伴右足前进；女舞伴左足后退。

(2)男舞伴左足前进横步；女舞伴右足后退横步。

(3)男舞伴右足并步；女舞伴左足并步。

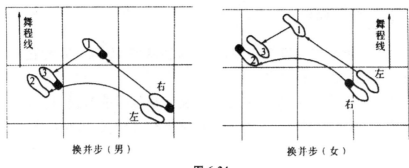

换并步（男）　　　　　换并步（女）

图 6-24

(三)蹉蹀步

(1)男舞伴左脚前进左转;女舞伴右脚后退开始左转。

(2)男舞伴右脚横步 1～2 之间转 1/4 周,脚掌着地;女舞伴左脚横步 1～2 之间转 1/4 周,脚掌着地。

(3)男舞伴左脚并于右脚不置重量 2～3 之间转 1/8 周(掌跟重心在右脚);女舞伴右脚并于左脚不置重量 2～3 之间转 1/8 周(掌跟重心在左脚)。

二、探戈舞舞蹈技能分析

探戈舞具有瞬间停顿的舞蹈动作特征,动作刚劲有力,脚下动作干净利落,快慢相间,步步为营。

(一)常步

S——男舞伴面向斜墙壁,左脚前进;女舞伴右脚后退。

S——男舞伴右脚前进,右肩引导左转 1/8 周;女舞伴左脚后退,肩引导左转 1/8 周。

Q——男舞伴左脚前进开始右转;女舞伴右脚后退开始右转。

Q——男舞伴右脚跟上成基本站位姿势,右转 1/8 周;女舞伴左脚跟上,右转 1/8 周。

（二）并式侧行步

S——男舞伴左脚横步侧行,指向斜墙壁;女舞伴右脚在侧行位置下横步,指向斜中央。

Q——男舞伴右脚在侧行位置及反身位置交叉前进,方位同S;女舞伴左脚在侧行位置及反身位置下交叉前进,方位同S,左转1/4周。

Q——男舞伴左脚横步稍前指向斜墙壁;女舞伴右脚横步稍后。

S——男舞伴右脚并于左脚稍后,面向斜墙壁;女舞伴左脚并于右脚稍前。

（三）后退截步

Q——男舞伴右脚沿左肩方向后退,掌跟;女舞伴左脚在反身位置下前进,掌跟。

Q——男舞伴左脚横步稍前,脚内侧过渡到全脚,左转1/4周;女舞伴右脚横步稍后,脚内侧,左转1/4周。

S——男舞伴右脚并于左脚,掌跟;女舞伴左脚并于右脚,全脚。

（四）左足摇步

（1）男舞伴重心移至左脚,掌跟;女舞伴重心移至右脚,掌跟。
（2）男舞伴重心移至右脚,掌跟;女舞伴重心移至左脚,掌跟。
（3）男舞伴左脚后退,掌跟;女舞伴右脚前进,掌跟。

三、快步舞舞蹈技能分析

快步舞,因步子快而得名,顾名思义,其舞蹈动作轻快灵活,快速多变,极具动力感和表现力。

(一)直行追步

舞步技术动作共四步,节奏为 S、Q、Q、S。

(1)男舞伴右脚后退,左转,掌跟;女舞伴左脚前进,左转,掌跟。

(2)男舞伴左脚横步,1～2 转 1/4 周,身体稍转,掌;女舞伴右脚横步,1～2 转 1/8 周,身体稍转,掌跟。

(3)男舞伴右脚并于左脚,掌跟;女舞伴左脚并于右脚,掌跟。

(4)男舞伴左脚横步稍前,掌跟;女舞伴右脚横步稍后,掌跟。

(二)追步左转

舞步技术动作共三步,节奏为 S、Q、Q。

(1)男舞伴左脚前进,开始左转,掌跟;女舞伴右脚后退,开始左转,掌跟。

(2)男舞伴右脚横步,1～2 步转 1/8 周,全掌;女舞伴左脚横步,1～2 步转 1/4 周,全掌。

(3)男舞伴左脚并右脚,2～3 步转 1/8 周,全掌;女舞伴左脚并右脚,全掌。

(三)后退锁步

舞步技术动作共四步,节奏为 S、Q、Q、S。

(1)男舞伴在反身动作位置中,左脚后退,掌跟;女舞伴在反身动作及外侧舞伴位置中,右脚前进,掌跟。

(2)男舞伴右脚后退,掌跟;女舞伴左脚前进稍向左,掌跟。

(3)男舞伴左脚右脚后交叉,掌跟;女舞伴右脚左脚后交叉,掌跟。

(4)男舞伴右脚后退稍向右,掌跟;女舞伴左脚前进稍向左,掌跟。

四、狐步舞舞蹈技能分析

狐步舞是西方上流社会婚典、宴会上的交际舞蹈,步法轻柔、动作流畅,舞步平稳,上身动作多变。

(一)三步

预备姿势:闭式位(男士面向斜墙,女士背向斜墙)。

(1)男舞伴面向斜墙壁,左脚向前,有反身动作;女舞伴背向斜墙壁,右脚后退,有反身动作。

(2)男舞伴右脚向前;女舞伴左脚向后。

(3)男舞伴左脚向前;女舞伴右脚向后。

(二)羽毛步

预备姿势:闭式位(男士面向斜中央,女士背向斜中央)。

(1)男舞伴面向斜中央,右脚向前;女舞伴背向斜中央,左脚后退。

(2)男舞伴左脚向前左肩引导准备到舞伴外侧,不转;女舞伴右脚向后右肩引导,不转。

(3)男舞伴右脚向前成反身动作(CBMP)到舞伴外侧,方位不变;女舞伴左脚向后成 CBMP,方位不变。

(三)换向步

预备姿势:闭式位(男士面向斜墙,女士背向斜墙)。

(1)男舞伴面向斜墙,左脚向前,开始转向左,有反身动作;女舞伴背向斜墙壁,右脚向后,开始转向左,有反身动作。

(2)男舞伴右脚斜向前,右肩引导左脚并向右脚稍向前无重力,1~2 步左转 1/4 周,面向斜中央;女舞伴左脚斜向后,左肩引导并且右脚并向左脚稍向后无重力,1~2 步左转 1/4 周,背向斜中央。

（3）男舞伴左脚向前成 CBMP，不转；女舞伴右脚向后成 CBMP，不转。

五、维也纳华尔兹舞蹈技能分析

维也纳华尔兹，又称"快华尔兹""快三步"，其动作优美、舒展，多旋转动作。

（一）右转

（1）男舞伴右脚前进，右转身；女舞伴左脚后退，右转身。

（2）男舞伴左脚傍步继续右转；女舞伴步同男子第四步。

（3）男舞伴右脚并左脚（背向舞程线）；女舞伴步同男子第五步。

（4）男舞伴左脚后退，向右转身；女舞伴步同男子第一步。

（5）男舞伴右脚并左脚，身体重心仍在左脚上，用左脚脚跟向右转身；女舞伴同男第二步、第三步。

（6）同第五步。

（二）左转

（1）男舞伴左脚前进，向左转身；女舞伴右脚后退，向左转身。

（2）男舞伴右脚傍步继续左转；女舞伴同男子第五步。

（3）男舞伴左脚并右脚（背向舞程线）；女舞伴同男子第六步。

（4）男舞伴右脚后退，左转身；女舞伴左脚前进，左转身。

（5）男舞伴左脚并右脚，重心在左脚，右脚脚跟左转 135°；女舞伴同男舞伴第三步、第四步。

（6）同第五步。

（三）180°右转

（1）男舞伴右脚前进右转身；女舞伴左脚退后向右转身。

（2）男舞伴左脚小步傍步右转；女舞伴右脚并左脚，用左脚跟向右转身(脚跟轴转)。

（3）男舞伴右脚并左脚（背向舞程线）；女舞伴右脚并左脚，用左脚跟右转身（脚跟轴转）。

（4）男舞伴左脚退后向右转身；女舞伴右脚前进向右转身。

（5）男舞伴右脚并左脚，用左脚跟右转身；女舞伴同男舞伴第二步、第三步。

（6）同第五步。

第七章 啦啦操开展与技能分析

啦啦操是一项新兴体育运动,主要由舞蹈啦啦操和技巧啦啦操组成。在现阶段,啦啦操普及范围不断扩大,群众基础越来越广泛,深入研究啦啦操的开展和相关技能,对啦啦操发挥各项价值以及实际发展都有深远意义。本章主要对啦啦操历史发展、开展现状、发展对策、基本技能、实践环节进行全面阐析,从而使其更好地发展,更好地为广大群众服务。

第一节 啦啦操开展研究

一、啦啦操的历史发展

(一)国外啦啦操的起源与发展

与其他运动项目相比,啦啦操的发展时间较短,是在美式足球呐喊助威活动中孕育出来的,同时伴随着美国职业篮球的发展逐步被全世界人民熟知,截至当前已经有一百多年的发展时间。Cheer leading 是啦啦操的原名,Cheer 主要是指振奋精神、鼓舞士气。啦啦操源于早期部落社会的仪式,当去别的地方打仗或打猎时,族人们往往会通过欢呼、手舞、足蹈等仪式来表达激励之情,同时表达对战士凯旋的愿望。

古希腊第 1 届奥运会上,观众为参赛者呐喊助威的形式和啦啦操原始形态有很多相似之处。到 19 世纪 60 年代,英国学生会站在比赛场地周边为运动员加油打气。到 19 世纪 70 年代,美国普林斯顿大学成立了首个啦啦队俱乐部。1898 年,美国明尼苏达州大学的学生约翰尼·坎贝尔和六名男生共同组建了全球首支啦啦队,组建目的是为该校橄榄球队加油打气,约翰尼·坎贝尔被公认为历史上首位啦啦队队长,被誉为"呐喊领袖""呼喊王"。

进入 20 世纪,啦啦操拥有越来越多的表演形式,喇叭筒的普及范围不断扩展,大学与高中的学生常常会把纸质线球当成道具来表演。在啦啦操发展过程中,女性的地位越来越突出,所以啦啦操中体操动作和舞蹈动作的比例越来越大。1948 年,国家啦啦操协会(国立啦啦操协会)作为首个啦啦操组织,由 52 名女性队员组成,为有效增加队员积极性以及筹集资金,Hurkinelr 还创立了相应的口号、标语、丝带、扣环。到 20 世纪五六十年代,学院啦啦队配备了相应的培训教程以及培训班,以此向学生传授基础性的啦啦操技巧,同时进一步拓展啦啦操普及范围。20 世纪 70 年代,啦啦操不仅能为足球项目和篮球项目助威,还开始为学校全部运动项目助威。1978 年,哥伦比亚广播公司首次利用电视向全国转播学校啦啦操评选赛事,此后啦啦操以运动项目的形式被大家熟知。20 世纪 80 年代初,啦啦操冲出了美国,开始被普及到世界各地,同时统一的啦啦操标准由此形成,为有效增加啦啦操比赛的安全性,危险指数较高的翻转动作与叠罗汉动作被去除。1984 年,英国成立了啦啦操协会,同时和美国国际啦啦操协会形成了密切合作的关系,主动发展啦啦操运动,发展成了欧洲最大的啦啦操组织。在英国啦啦操运动和美国啦啦操协会的双重影响下,该项运动在欧洲某些国家的发展速度十分迅速。很多国家对啦啦操运动实施科学指导与规范,先后成立了自己国家的啦啦操协会。1988 年,日本出现了美国啦啦操,同时还出现了属于日本的啦啦操协会,啦啦操协会的出现为进一步规范和管理啦啦操发挥了积极影响,获得了比较满意的成效。20 世纪 90 年代,涌现出了全明星队,队员在年龄很小时就坚持练习,赢得比赛是他们的主要训练目标。1998 年成立了国际啦啦操联盟，参与联盟的成员有很多个国家和地区。从总体来说，在过去的时间里啦啦操运动开展速度相对较快，参与人数相对理想，参与啦啦操运动的美国人已经多达几百万人。在 2001 年，首届世界啦啦操锦标赛正式举行，这反映了啦啦操正式发展成世界性竞赛项目。截止到现在，世界啦啦操运动不断发展，普及范围不断拓展，各个国家和啦啦操相关的比赛越来越多。

(二)中国啦啦操的起源与发展

在美国男子职业篮球联赛的影响下，对啦啦操运动有透彻了解的人数不断增加。当美国啦啦操项目发展时间超过一百年之后，我国相对正式的啦啦操比赛也在逐渐兴起。对于我国众多体育运动项目而言，啦啦操运动是一项发展时间比较短的运动项目，在不断扩宽普及范围的过程中深受青少年的青睐，同时在许多赛事中均能找出啦啦操表演。特别是自 1998 年中国大学生篮球联赛(CUBA)正式成立以来，该运动充分显现了我国大学生的精神状态和竞技能力，许多观众脑海中均留下了不可替代的啦啦操表演。与此同时，啦啦操也成为篮球比赛场上的亮丽风景，中国啦啦操的发展时代正式开启。2001 年，在广州圆满完成的首届全国大学生啦啦操大赛，这为我国青少年直接感受此项运动的趣味性带来了很大正面作用，自此啦啦操运动的群众基础不断壮大。

2003 年，我国啦啦操运动的动作内容被界定成：用徒手的舞蹈动作，同时用彩丝和花球等道具的操化舞蹈动作的表演形式，9～12 人为大体人数，不对性别做出特殊要求，严禁做所有抛接动作与空翻动作。因为啦啦操运动起步时间晚，所以其表演形式和舞蹈内容存在单一化问题，很多都仅仅局限在操化的健美操基本动作。从 2004 年开始，慢慢添加了有节奏口号、多元素音乐节拍、丰富多样的编排，在这些因素的作用下啦啦操获得了大幅度发展。在此之后，我国啦啦操专业教师、评判员认证系统以及啦啦操规定套路被第一次正式推出。由此开始,我国啦啦操运动在规范化道路上越走越远。

2005年6月,首次啦啦操竞赛由中国蹦床技巧协会成功举办。这次竞赛的圆满完成,使得我国啦啦操运动在中国大学生体育协会健美操艺术体操分会以及中国蹦床技巧协会的作用下,推广范围不断拓展,发展速度不断加快。2006年,武汉成功举办了第1届中国全明星啦啦操锦标赛,最终取得胜利的六支队伍代表我国参与某个世界啦啦操大赛,我国啦啦操运动员首次在世界舞台上亮相,同时还获得了国际女生公开组亚军,在此之后每年都有啦啦操运动员代表我国参加国际啦啦操竞赛,同时都取得了相对喜人的运动成绩。

2007年,为开展北京奥运会体育展示现场表演,在全国范围内举办了啦啦操选拔赛,在为期半年的选拔赛中吸引了全国各地的群众。2007年,中国学生啦啦操艺术操协会正式成立,同时还把啦啦操纳入体育竞赛内容,这使得该项运动在我国体育赛事中快速崛起。在2008年北京奥运会的影响下,"北京奥运会体育展示现场表演啦啦操选拔比赛"圆满完成,这对啦啦操运动的发展灌注了强大生命力。

2009年,"健力宝亚运啦啦队全国选拔赛"在全国各地以及各大高校相继开展,"啦啦操"运动十分盛行,在短时间内啦啦操运动的群众基础越来越壮大。同年,由啦啦操协会和中央电视台举办的全国啦啦操宝贝选拔赛在我国十几个城市举行了初赛、复赛、决赛。在参赛人数、动作特征、比赛服饰、运动员水平等方面,均彰显出啦啦操运动被越来越多的高校学生认可,同时获得了社会各方面的注意。和2009年啦啦操比赛相比,2010年"青岛啤酒杯炫舞青春全国啦啦宝贝选拔赛"映射出了该项运动在技术方面的进步,也映射出了运动内容的大幅度革新,能够清晰看到该项运动在我国拥有广阔的发展空间。

2011年,全国啦啦操教练员和裁判员的魔鬼训练营正式开始运转,类似活动都使得啦啦操运动成为在全国盛行的体育文化运动,同时得到了很多国家的注视和分析。截至当前,在全国啦啦操委员会等部门的引导下,在啦啦操方面的专家和学者的努力下,全国授牌啦啦操星级俱乐部和全国啦啦操联赛等相继成立,啦啦操奖励以及评选项目越来越正规化,啦啦操技术等级、高级和国家级教练申报、国家级和国际级裁判申报、星级俱乐部申报的相关要求越来越具体,啦啦操运动被越来越多的人接受并参与。

二、啦啦操的开展现状

啦啦操运动的群众基础十分广泛,这里对高校啦啦操的开展现状进行阐析,具体如下。

(一)场地设施情况

我国高校啦啦操场地设施已经实现大体完善,多数高校都安排有室内场地、镜子以及音响设备,但部分高校还未配备把杆、花球以及比赛服装。由此可知,我国大多数高校只拥有舞蹈啦啦操教学所要求的基础条件,只可以满足基础性舞蹈啦啦操的教学和训练,无法充分满足啦啦操比赛对器械与服装的要求,原因在于各大高校并未将很多资金投入到啦啦操竞赛中,因而对啦啦操运动在我国各大高校的发展产生了负面作用。

完善的场地器材设施能为高校完成教学任务提供保障,镜子、地毯、音响等是完成舞蹈啦啦操教学训练必备的器材。在某些高校中,基本都配备了室内运动场馆、音响、镜子等基础设施,可以满足舞蹈啦啦操的基础性需求,但只针对啦啦操这一项运动的教学训练馆不存在,只有少数高校能提供啦啦操服装,学生对啦啦操运动的视觉美需求难以被满足。在相关调查中还发现,全国各大高校在啦啦操教学其他配套设施方面的实际情况存在巨大差异,各大高校应进一步完善教学硬件设施,促使啦啦操教学活动和训练活动的高效完成需要快速解决。

(二)师资情况

教学成果受教师教学水平以及知识储备的巨大制约。由于啦啦操运动是全国绝大多数高校起步时间较晚的运动项目,所以要想使教学水平大幅度提升,应当尽可能提升啦啦操教师的专业水平。很多高校的调查结果显示,很多高校啦啦操运动的教学活动和训练活动中未能配备专业水平高的教师,通常都由健美操专业与艺术体操专业的教师负责授课,特殊情况下还会邀请与啦啦操运动联系较少的其他体育运动专业的教师来负责,训练水平和教学水平差异性较大,各个城市的高校,在啦啦操运动竞赛方面的沟通机会比较少,难以在短时间内有效提升教学水平,教学最终的成效同样无法保障。

相关调查得出,在我国承担啦啦操课程传授的教师中,男教师和女教师的大体比例是 7∶13,这充分反映出男教师和女教师的比例出现了失衡问题。健美操专业的老师在啦啦操教师总数中占 40%,体操专业的教师在啦啦操教师总数中占 35%,其他有关专业的教师在啦啦操教师总数中占 25%,啦啦操专业的教师几乎没有。因此,我国各大高校中专业的啦啦操教师基本不存在,绝大部分教师均为体操和健美操等项目的教师,这些教师往往只会在教学活动中加入少量和啦啦操相关的内容,同时依旧存在 25%的其他专业老师实施啦啦操教学实践活动,这明显会对我国各大高校啦啦操专业性发展产生消极作用。

相关调查证实,社团形式是高校啦啦操的常见形式,一般会安排高年级学长做临时性指导,通常其专业性不尽人意,仅仅是参照网络资源进行简单模仿,这必然会对啦啦操在全国范围内的可持续发展产生负面作用。另外,因为每位老师在专项、教育背景、手段等方面存在很大差异,所以会对学生学习和掌握啦啦操产生不同程度的影响,所以要尽可能用最短时间来深化啦啦操运动的普及教育,大力培养专业啦啦操教师,对当前担任啦啦操教学的教师进行再培训,这几方面都是我国高校啦啦操急需完成的任务。当啦啦操课程的内在潜力和生命力被挖掘出来时,方可推动更多高校学生参与到该项运动中。

相关调查表明,承担啦啦操教学任务的高校教师中,主要是中青年教师,但年龄比较偏大的教师仍占 30%,所以老年教师所占比例还需进一步降低。尽管老年教师的教学经验十分丰富,但是啦啦操运动属于一项激情四射、充满阳光的运动,年轻教师比老年教师更适合授课。要想使啦啦操事业在我国获得健康发展,就需要将青年教师、中年教师以及老年教师衔接好,定期向我国高校啦啦操教学队伍中注入新鲜血液,及时掌握啦啦操运动的最新动向,快速更新新近出现的教学内容,这些都会对我国啦啦操运动的健康发展产生重要影响。

(三)课程开设情况

在深入剖析我国高校啦啦操课程开设情况得出,啦啦操运动对优化高校课程体系有积极作用。但在实际教学实践中,绝大部分高校课程中占据主导地位的依旧是传统体育项目,我国各高校中基本都开设了篮球、排球、网球、乒乓球等运动项目,但只有少数高校开设了啦啦操运动项目。啦啦操运动对高校大学生十分适宜,其作为一项新兴项目,能够对大学生身体健康和心理健康产生积极影响,能够增加学生的自信心和主动性,进一步强化学生的团队精神,使学生在潜移默化中形成协作精神,形成健康的人生观与世界观。我国高校的啦啦操运动应当紧随时代步伐,主动适应当今社会对其提出的要求,用最快速度开设啦啦操课程,这对高校大学生全面发展以及我国体育事业的健康发展都有突出作用。

在"您所在学校是否开设啦啦操课程"的调查中,有许多学校未将啦啦操设定成一门单独课程,只开展了舞蹈啦啦操教学,未将技巧啦啦操纳入教学内容。某些学校只有很少教师将舞蹈啦啦操教学内容纳入其他课程中。这种现状和很多高校大学生热爱啦啦操,想要深入认识啦啦操的需求是相违背的。我国很多高校都设有啦啦操社团,但很多均为学生依靠自身力量来组建,一般是依靠上届学长言传身教式教授,专业教师对社团内学生的教授时间十分有限,这必然会对学生接受啦啦操运动的专业程度与精确程度产生不良影响。因此,把啦啦操课程纳入高校体育课程的教学大纲中有深远影响,能够使高校中的啦啦操运动更加规范。

(四)教材情况

经过调查得出,我国高校啦啦操教材在高效课程体系中有不容忽视的作用。截至当前,啦啦操作为起步时间较晚的运动,在传入我国的过程中表现出了很多种形式,在组织和引导学生掌握啦啦操各项要点的过程中有多样化格局,为学生深入掌握与啦啦操相关的理论知识与实践技能产生了很多作用。

通过调查得出,传授啦啦操教学内容时鲜有教师使用专业教材,很多高校教师会使用网络教材、辅助教材、培训机构教材。尽管啦啦操运动是一项新兴的体育运动项目,但专业化程度还有待提高,教材发展速度缓慢,有关部门未能在适宜时间内撰写权威的啦啦操专业教材,负责传授啦啦操教学内容的教师在授课教材上的选择空间很小,还需要更加系统、更加完善,还无法满足师生的实际需求。当前,我国高校啦啦操教师所用的绝大部分教材来自网络和培训机构,难以保障所用教材的系统性,无法极为准确地向学生传授专业啦啦操运动的各项要点,难以使学生更加透彻地掌握啦啦操运动的理论知识,无法向啦啦操教学实践提供扎实准确的理论基础以及实践依据,会对啦啦操教学实践产生一定的阻碍作用。因此,我国各个高校迫切需要普及啦啦操专业教材,有效提高教学过程中的专业化程度,最终使我国啦啦操运动实现稳步发展。

(五)训练情况

竞赛对啦啦操的大范围开展和大幅度创新有积极作用,但要想在比赛过程中充分发挥自身潜能,必须在日常实践中进行认真训练。在现阶段,我国啦啦操运动尚处在发展的初期阶段,参与啦啦操比赛属于我国高校啦啦操运动的常见表现形式,比赛过程中队员间的有效协作、及时合理的队形变化、高效完成高难度技术、操化动作的顺畅展现均与日常训练有密不可分的联系。主动开展专业化的日常训练,对紧跟持续变化的啦啦操运动技术变化需求,以及进一步提高运动员的竞赛成绩都有重要意义。

从整体来说,虽然我国高校啦啦操开课情况还需进一步改善,但运动队开展状况相对理想。深入调查高校啦啦操训练状况能够得出,绝大多数高校都有独立的啦啦操运动队,然而无法保障训练的延续性与系统性,只有部分高校能够每周训练一次,大部分高校啦啦操训练时间并未处于稳定状态,一般都是依照比赛需求、表演需求以及活动情况等来临时组建队伍加以训练,啦啦操运动在我国高校的群众基础相对较好,社团啦啦操的开展情况相对较厚。对于我国各个高校而言,每周训练一次的啦啦操社团比训练次数不稳定的啦啦操社团要少很多。由此可知,啦啦操社团训练时间的不稳定,在某种程度上制约了高校啦啦操运动的进一步推广,高校啦啦操训练队往往只在比赛尚未开始时组织训练,难以保证训练一直处于连续状态。啦啦操社团组织往往是高校学生自发组织的,往往在空闲时间参与训练,所以难以保证时间的统一性,在无法保障训练时间的情况下,啦啦操学习的专业化和精确化更是无从谈起,所以高校不同等级的部门应当给予啦啦操运动以及啦啦操社团有效的支持,给予这两个团体足够的训练时间,推动该项运动在我国各个高校中越来越规范。

(六)运动竞赛情况

虽然我国高校组织啦啦操竞赛的次数还需增加,但未对各个高校以及对啦啦操感兴趣的人的参赛积极性产生负面作用。在现阶段,我国各高校啦啦操运动竞赛的常见表现形式是高校内部的比赛沟通、参加省级竞赛、参加全国性竞赛。很多高校都积极举办校内竞赛,某些高校还主动参与省级比赛以及全国比赛,同时获得了理想的比赛成绩。积极参与啦啦操比赛,能够使学生之间的关系更加亲密,能够清楚认识到自身劣势,对啦啦操运动的发展有积极作用。

分析以往多次比赛可知,尽管我国高校的很多学生都在踊跃参与啦啦操竞赛,但是啦啦操运动的影响力还有待进一步强化。如今,有些城市的高校还未组织过一次啦啦操竞赛活动,这反映出这些高校的啦啦操职能部门和协会的重视还不够,没有及时掌握该项运动的新变化和新动态,没有把新兴体育项目——啦啦操的独特特点彰显出来。促使我国各大高校实现密切的竞赛交流,进一步改革和优化竞赛体制,主动举办啦啦操比赛是需要迫切完成的任务,这对我国啦啦操运动的市场普及化程度有深远影响。

(七)教师培训情况

啦啦操运动作为起步时间较晚的运动,在我国的发展速度十分迅速,负责教授啦啦操运动的高校教师应当紧跟时代步伐,大力创新该项运动的各个环节,对崭新的啦啦操专业理论技能进行深层次剖析,现阶段高校啦啦操任课教师的培训情况相对喜人。能够保证每年参与一次对应层次的学校或培训的高校比较多,基本上每位高校啦啦操教师都可以每年参与一次培训,部分高校教师能够保证每年参与两次培训。通过这些数据可以得出,在高校负责传授啦啦操教学内容的教师基本每年都可以参与相关培训,及时掌握崭新的啦啦操知识,在最短时间内革新以往的教学内容。很多在高校负责啦啦操教学的教师并非专业的啦啦操教师,这些教师没有对该项运动形成全方位了解,尤其是部分啦啦操运动的难度以及技巧动作学习,倘若不能保证学习和训练的专业性与系统性,教师在教学训练过程中将难以精确把握运动涉及的相关技巧和团队配合等诸多要点,无法准确及时地了解该项运动的新形势和新动态,难以在最短时间内革新和优化教学内容与教学方法。由此可知,我国各高校需要积极分析并强化啦啦操运动任课教师的培训情况,只有这样才有助于我国高校啦啦操运动的发展。尽管教师培训的整体情况偏好,但依旧需要在教师培训方面下功夫,对该项运动的教育环节进行大幅度改革,在适宜时间注入新思想和新策略,给高校大学生提供刚刚更新且更加精确的啦啦操理论知识和实践要点,促使学生更加深入地认识该项运动,为啦啦操在我国的发展打下坚实基础。

三、啦啦操的对策分析

要想使啦啦操运动在我国获得大幅度发展,需要对社会各个领域进行深入研究并提出可行性措施,这里仅以我国高校教学的实际状况和该项运动的实际特点为研究对象,来提出啦啦操的对策。

(一)加大教师队伍的建设力度

教师的实际教学水平对最终的教学成效有直接性作用。我国各大高校需要将培养啦啦操专业教师设定成重要任务,对啦啦操教学体系进行深层次革新,第一步是大力培养高校的啦啦操专业教师,采用分层次培训和逐级培训两种方式,将培训的实践性与操作性摆在重要位置。把高校内部当成啦啦操教学内容改革的切入点,由于绝大多数承担啦啦操教学任务的高校教师在教学实践中存在现有水平无法适应不断变化的发展需求,所以加大培训力度是必须要做的。通过加大在职啦啦操教师的培训力度,能够使在职教师及时掌握该项运动的新技能,进而使学生的实际需求得到满足。相关教育部门以及高校必须高度关注啦啦操教师的再教育,不能使师资培训仅停留在形式上,在教学改革过程中要重点突出教师的创造水平,教师创造水平属于我国高校教育的一个短板,所以提升教学的创新水平和适应环境水平十分关键。

(二)优化教学内容结构,撰写啦啦操专门教材

以我国高校啦啦操教育教学的实际情况以及主客观条件为

出发点,对当前已经存在的教材内容展开科学归类,使当前的教学内容更加丰富,对当前教学内容的目标进行精准定位。根据我国高校学生的实际需求对教材涉及的各个方面进行修改,始终遵循因材施教、因地制宜的原则,在最短时间内掌握啦啦操运动最新的内容。理论是实践的重要基础,要想使啦啦操运动在全国高校中发展得更好,首要任务是优化课程结构、大胆开展创新、撰写专业啦啦操课程教材。当啦啦操运动教材能够和全国高校的实际情况相吻合时,方可更加有效地发展啦啦操运动的教学和实践,进而为啦啦操运动的可持续发展提供有利条件。

(三)完善高校啦啦操竞赛制度,营造良好的气氛

对啦啦操竞赛体制展开进一步优化,促使高校间的交流与协作,是我国发展啦啦操运动必须要做的。高校之间的交流与协作能够使执教教师对教学更加坚定,有效培养和增强教师的教学灵感和责任心;同时各类竞赛与表演活动可以向学生提供自我展示的大舞台,使学生的成就感和自信心获得大幅度提升,促使学生更加积极地参与啦啦操运动。在啦啦操比赛过程中,不仅能使学生得到锻炼,还能增加学生参与啦啦操运动的动机,也能吸引高校领导以及教师的注意力。在发展啦啦操运动的过程中,可以认真剖析和汲取健美操发展过程中的精华,主动借鉴健美操比赛中的经验,积极组织和开展高校内部和高校外部的啦啦操教学内容比赛或表演活动,同时普及和提高,为啦啦操运动在高校顺利开展提供帮助。

(四)充分发挥社团的优势,促进啦啦操教学

相关调查表明,我国高校针对啦啦操运动开设专业课程的院校比较少,舞蹈啦啦操是常见教学内容,高校啦啦操的常见存在形式是社团。我国各大高校应当主动利用啦啦操社团的力量来为开展啦啦操教学提供一臂之力,促使学生更加深入准确地理解该项运动,不断增加啦啦操运动在高校中的普及范围,大幅度提

升啦啦操的影响力,提高高校学生对啦啦操运动的兴趣。要想有效增加啦啦操运动在高校中的发展空间,一定要保证群众基础的稳定性,有效提升啦啦操教师的专业能力,使教学内容更加多样化,使学生对该项运动形成浓厚兴趣,由此实现啦啦操运动的健康发展。

(五)增强高校领导对啦啦操的重视程度

高校领导的重视程度对所有运动项目的发展都有决定性作用。啦啦操运动的起步时间相对较晚,随着发展时间的增长已经慢慢被越来越多人认可,同时在大学生群体中深受欢迎。在这种情况下,有关领导部门需要对啦啦操运动投入更多注意力,大力支持啦啦操运动的执教教师,大力增加对啦啦操教师的培训力度,通过资金来支持啦啦操运动,主动举办不同种类的竞赛活动,利用竞赛活动使高校啦啦操水平获得大幅度提升,不断优化与改善啦啦操竞赛制度,推动更多的高校领导重视啦啦操运动开展情况,为我国各大高校组织啦啦操比赛提供动力,使得该项运动的群众基础更加庞大,同时制定出切实有效的政策,促使更多人参与啦啦操运动,由此形成轻松愉悦的教学氛围,使高校之间的交流机会更多,为啦啦操运动在我国的发展提供帮助。

第二节　啦啦操基本技能分析

一、32 个基本手位动作技能分析

在手臂动作方面,啦啦操运动制定了特殊规定与要求,运动一定要根据相关规定完成 32 个手位动作。

任何啦啦操运动的基本手位动作均要锁肩并制动于身体前面。

（1）上 M(up M)：两个手臂在肩部上方弯曲，手指和肩部接触，肘关节朝外侧（图 7-1）。

（2）下 M(hands on hip)：两手在髋部位置做叉腰动作，握拳，拳心向后（图 7-2）。

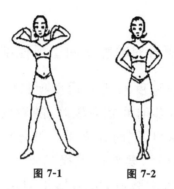

图 7-1　　　　图 7-2

（3）W(muscle man)：两个手臂在肩部上方弯曲，肘关节形成直角，握拳，两个拳心的位置关系是相对的（图 7-3）。

（4）高 V(high V)：两臂在身体两侧朝上方举起并握拳，拳心向外（图 7-4）。

（5）倒 V(low V)：两臂在身体两侧做朝下举握拳动作，拳心朝内（图 7-5）。

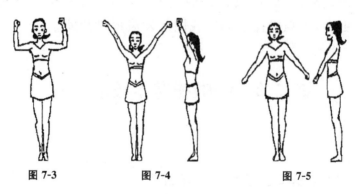

图 7-3　　　　图 7-4　　　　图 7-5

（6）T(T)：两臂在身体两侧平行举起，握拳，拳心方向是向下（图 7-6）。

（7）斜线(diagonal)：一只手臂在身体一侧朝上举，另一只手臂在身体另一侧朝下举，将拳握住，两个手臂举起动作完成后应在一条斜线上（图 7-7）。

（8）短 T（half T）：两臂在胸部前面的位置平行弯曲手臂并握拳，拳心向下（图 7-8）。

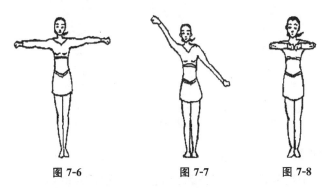

图 7-6　　　　图 7-7　　　　图 7-8

（9）前 X（front X）：两臂在身体前方完成交叉动作，拳心向下（图 7-9）。

（10）高 X（high X）：两臂在头部的前上方位置完成交叉动作，拳心朝前面（图 7-10）。

（11）低 X（low X）：两臂在身体的前下方位置完成交叉动作，拳心朝斜下方（图 7-11）。

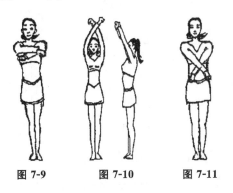

图 7-9　　　　图 7-10　　　　图 7-11

（12）屈臂 X（bend X）：前臂在胸部前方的位置完成交叉动作，拳心朝内侧（图 7-12）。

（13）上 A（up A）：两个手臂朝上方举起，两个拳心的位置关系是相对关系（图 7-13）。

（14）下 A（down A）：两臂在胸部前方位置朝下举，两个拳心的位置关系是相对关系（图 7-14）。

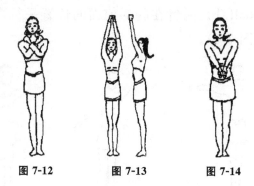

图 7-12　　　　　图 7-13　　　　　图 7-14

（15）加油（applauding）：两手完成握式击掌动作后置于胸部前方位置，肘关节向下，两手的位置比下颌位置低（图 7-15）。

（16）上 H（touch down）：两臂朝上方举起，两臂的宽度和肩部宽度相同，两个拳心是相对关系（图 7-16）。

（17）下 H（low touch down）：两臂向前下方举，两个拳心是相对关系（图 7-17）。

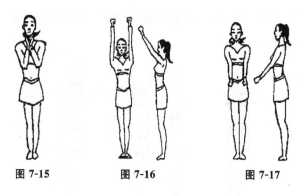

图 7-15　　　　　图 7-16　　　　　图 7-17

（18）小 H（little H）：一只手臂朝上方举起，另一只手臂在胸部前方弯曲，握拳，两个拳心都朝内侧（图 7-18）。

（19）L（L）：一只手臂握住拳头，拳心朝内侧，剩余一只手臂在身体侧面举起并握拳，拳心向下（图 7-19）。

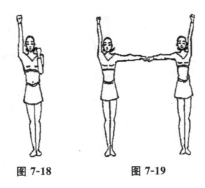

图 7-18　　　　　　图 7-19

（20）倒 L（low L）：一只手臂在身体侧面举起，剩余一只手臂在身体前下方举起，握拳，两个拳心的位置关系是相对关系（图 7-20）。

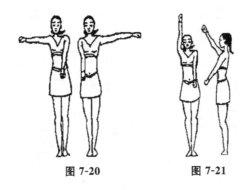

图 7-20　　　　　　图 7-21

（21）K（K）：两只手臂分别朝前上方和前下方举，握拳，两个拳心的位置关系是相对关系（图 7-21）。

（22）侧 K（side K）：两腿完成弓步动作或开立动作，两手臂形成 K 型（图 7-22）。

（23）R（7R）：一只手在头部后面弯曲，剩余一只手朝前下方向冲拳，形成 K 的一半，拳心朝下方（图 7-23）。

（24）弓箭（bow and arrow）：一只手臂在胸部前面平行弯曲，前臂比上臂的位置低一些，剩余一只手臂在身体侧面平举。两手握拳，拳心向下（图 7-24）。

图 7-22   图 7-23   图 7-24

(25)小弓箭(bow)：一只手臂在身体侧面完成平举动作，拳心向下，剩余一只手臂在胸部前方弯曲，拳心朝内侧(图 7-25)。

(26)高冲拳(high punch)：一只手臂完成前上举动作，另一只手臂完成叉腰动作，两只手的拳心分别朝向内侧和后面(图 7-26)。

(27)侧下冲拳(low side punch)：一只手完成叉腰动作，另一只手臂完成 V 的一半，两只手的拳心都向后(图 7-27)。

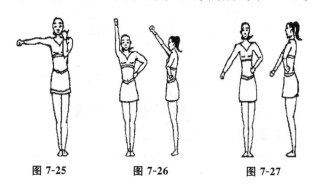

图 7-25   图 7-26   图 7-27

(28)斜下冲拳(low cross punch)：以左手叉腰为例，右臂朝身体左前下方冲拳，拳心向下(图 7-28)。

(29)斜上冲拳(up cross punch)：以左手叉腰为例，右臂朝身体做前上方冲拳，拳心方向同斜下冲拳(图 7-29)。

图 7-28　　　　　图 7-29

（30）短剑（half dagger）：以左手叉腰为例，右侧手臂在胸部前方位置弯曲，拳心向内侧（图 7-30）。

（31）侧上冲拳（high side punch）：以左手叉腰为例，右边手臂朝身体侧上方冲拳，拳心向外侧（图 7-31）。

（32）X（X）：两腿完成开立动作，两只手臂在头部后面完成平屈动作，拳心和头部接触，肘关节向外侧（图 7-32）。

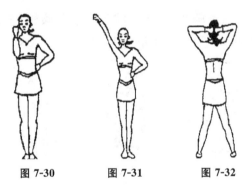

图 7-30　　　　　图 7-31　　　　　图 7-32

二、常用下肢动作基本技能分析

在啦啦操运动中，常见下肢基本动作如下。

（1）立正站：身体保持直立，两条腿并在一起，两只手臂和身体两侧紧紧贴靠在一起（图 7-33）。

（2）军姿站：身体保持直立，两脚脚跟靠拢，脚尖朝外开，将两只手放在身体后面（图 7-34）。

（3）弓步站：前腿和后腿分别完成弯曲动作和伸直动作，将身体重心落在两条腿中间,两只手背在身体后面(某些情况下后腿弯曲)弓步站(图7-35)。

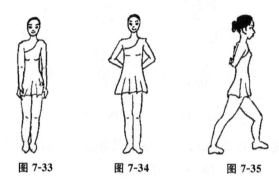

图7-33　　　　　图7-34　　　　　图7-35

(4)侧弓步站:两条腿分别完成弯曲支撑动作和伸直侧点地动作,使身体重心落在支撑腿上(图7-36)。

(5)锁步站:两条腿都处于弯曲状态,一条腿交叉在另一腿的前面(图7-37)。

(6)吸腿站:一条腿处于直立状态,另一条腿完成屈膝抬起动作,并且使大腿和小腿形成直角(图7-38)。

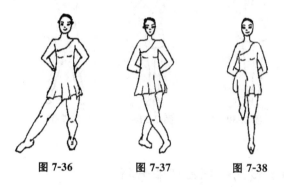

图7-36　　　　　图7-37　　　　　图7-38

三、常用手型技能分析

(1)胜利(victory):握拳,食指和中指伸直,并且成V字形(图7-39)。

(2)力量(fist):食指、中指、无名指、小拇指将拇指握住(图7-40)。

（3）喝彩（open palm）：十根手指充分张开（图7-41）。

（4）酷（cool）：中指与无名指弯曲，剩余三根手指自然张开（图7-42）。

（5）团结（clap）：两只手在虎口位置握在一起（图7-43）。

（6）真棒（thumb）：竖起拇指，其他四根手指握在一起（图7-44）。

（7）勇往直前（forefinger）：握住拳头，伸出食指（图7-45）。

（8）自信张扬（palm）：拇指张开，其他四根手指并拢（图7-46）。

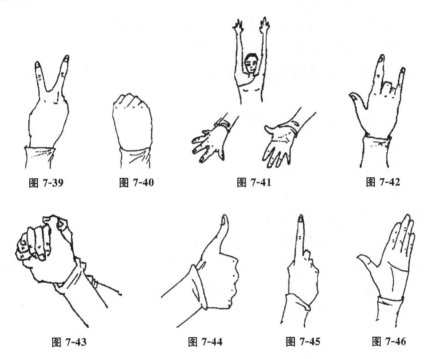

图7-39　　　　　图7-40　　　　　　图7-41　　　　　　图7-42

图7-43　　　　　　图7-44　　　图7-45　　　图7-46

第三节 舞蹈啦啦操与技巧啦啦操

一、舞蹈啦啦操的定义

在播放音乐伴奏的情况下,通过很多项舞蹈元素,将跳步、转体、柔韧、平衡等难度等级高的动作和舞蹈过渡连接技巧结合在一起,利用空间、方向以及队形三方面的变化来淋漓尽致地反映各类舞蹈的风格特征,重点突出速度、力度以及运动负荷,体现运动舞蹈技能和团队精神面貌的运动。

二、舞蹈啦啦操的技术特征

舞蹈啦啦操技术特征往往反映在以下几个方面。

(1)上肢、下肢、身体的控制和发力途径,上肢利用短时间内的加速发力和制动定位来达到该项运动独特的力度感。

(2)下肢处在恰当的紧张状态下,身体重心处于稳定状态,将舞蹈啦啦操简单利落的技术特征表现出来。

(3)躯干和头颈都处于挺立状态,同时展开适度控制,进而反映出啦啦操技术的平稳、准确。

三、舞蹈啦啦操的创编

要想使创编出的舞蹈啦啦操达到预想状态、具备明显的科学性、成功吸引很多人的注意力、在竞赛中夺得好名次,往往要经过相对复杂的创编过程。创编者不仅要掌握各方面的舞蹈啦啦操理论知识,还要积累长期的实践经验,也要有舞蹈修养、音乐修养以及美学修养,特别是能及时掌握舞蹈啦啦操的新形势、新动态。

创编者在具备以上素质的情况下,才能结合舞蹈啦啦操的本质规律以及创编原则展开科学创编。

对于创编成功的舞蹈啦啦操而言,不但能让练习者始终拥有浓厚兴趣,而且能让观赏者身体和心理都得到洗礼,另外能让练习者参与全身心的表现并赢得比赛胜利。

舞蹈动作组合、难度动作、过渡和连接等,是一整套舞蹈啦啦操必须具备的内容。针对这种情况,创编舞蹈啦啦操时需要符合主题明确、凸显舞蹈特征和技术特征的要求,动作素材和难度选择也要贴近该项目的特点,另外舞蹈动作组合和难度动作必须保证均匀分布。

(一)舞蹈啦啦操创编前的准备

舞蹈啦啦操在创编前需要做的准备是:第一,制定出清晰明了的创编目标、创编任务、创编要求;第二,对练习者的性别、年龄、工作、学历、身体条件、运动经历等了如指掌;第三,对啦啦操的客观条件展开清晰了解,具体有时间、器材、场地等;第四,对和创编啦啦操相关的文字、音乐、影像资料进行认真学习。

(二)舞蹈啦啦操的创编原则

1.针对性原则

在现阶段,我国拥有很多种类的啦啦操竞赛以及啦啦操活动,具体是指锦标赛、邀请赛、公开赛、分区赛等,每种竞赛和活动往往对应着不同的比赛规程与规则,所以必须将针对性原则贯彻在创编啦啦操的整个过程中。

(1)针对规则要求展开创编

全面掌握竞赛规则和规程的要求,对比赛胜负有着决定性影响。倘若和比赛规则的要求相违背,则再完美的创编也是于事无补的。因此,在创编尚未开始时,要对比赛规则和要求进行全方位了解,有针对地进行创编,进而防止在编排过程中出现严重错误。

（2）针对项目特征展开创编

舞蹈啦啦操讲究团队协作，创编过程中要有机结合项目特征，对集体优势进行深入挖掘，从而将这个项目的风格与特征充分表现出来。

（3）针对运动员特征展开创编

舞蹈啦啦操拥有很多种风格，个性相对明显，创编过程中必须密切结合运动员的各项特征，将运动员的长处发挥得淋漓尽致，凸显出运动员的风格。例如，对于在弹跳方面占据优势的运动员，要增加跳跃性强和高难度动作的比例，有效展示运动员的弹性跳跃以及轻盈的空中姿态；对于在柔韧性方面占据优势的运动员，要适当增加高难度的劈叉、平衡以及多方向的高踢腿动作，只有这样方可表现出运动员优美形体以及健美身手；对于在力量方面占据优势的运动员，要适当减少柔韧动作的比例，适当增加能反映力量与控制力的动作。

2.创新性原则

创新能为舞蹈啦啦操注入生命力。舍弃创新，则舞蹈啦啦操的发展将无从谈起，所以创新是编排舞蹈啦啦操必须贯彻的原则。在贯彻创新性原则的过程中，第一步是促使创编者的创作思路更加多样化，全面理解和掌握国内外舞蹈啦啦操的当前发展情况以及发展走向，深入挖掘舞蹈啦啦操的内在精华，随后结合舞蹈啦啦操的特征和编排对象，创编出集观赏价值、表演价值、外在形式于一身的舞蹈啦啦操。在创新舞蹈啦啦操的过程中，可以从很多个角度出发，如对操化动作、造型、难度动作以及音乐等要素加以创新，但操化动作创新是其他创新的前提条件，所以对其投入的精力要多一些。

（1）创新操化动作

操化动作不仅是舞蹈啦啦操的基础，还是舞蹈啦啦操的核心，也是舞蹈啦啦操的显著反映。只有使操化动作实现全方位和多元化,才能使舞蹈啦啦操更加多样化。例如,在创编上肢动作时,可以将出发点设定为两臂对称和两臂非对称的同时动作和依次动作。

（2）创新造型

舞蹈啦啦操往往以造型开始与结束。造型不但能在观众脑海中留下第一印象,而且是观众末尾环节进行回味的关键部分,所以创新造型十分必要。设计造型时,不仅要做到简单、创新、大气,还要尽可能将所有队员都考虑在内。

（3）创新难度动作

由于难度动作可以彰显出团队的总体技术能力,所以在创新舞蹈啦啦操难度动作时要将团队最高竞技能力表现出来。需要注意的是,切莫盲目创新舞蹈啦啦操的难度动作,必须保证不违背人体运动内在原理,建立在体育和艺术等科学研究的基础上,不可以只创新难度动作,却对身体产生负面影响,要对学习规则进行深入掌握,防止设计出违例动作。

（4）创新音乐

对于舞蹈啦啦操而言,音乐是其灵魂。流畅的音乐不仅能让人的心理得到洗礼,还能使人的情绪更加高涨、精神更加振奋。因此,选择好音乐是成功创编舞蹈啦啦操的一半。

舞蹈啦啦操往往会选择节奏明显、激情四射的音乐节奏,通常会挑取迪斯科、摇滚乐、爵士乐等,从而让舞蹈啦啦操音乐的特征以及感染力凸显出来,挑选音乐时允许进行大幅度创新,如以我国民乐为配乐,从而产生别具一格的艺术特色。

3.安全性原则

在舞蹈啦啦操中,通常会有抛接等相对惊险以及具有视觉冲击力的动作,一方面能够将现场气氛带动起来,另一方面会给队员的身体乃至生命带来某些潜在危险。在创编舞蹈啦啦操时,必须要以运动员实际情况以及自身安全为立足点,编排动作必须在队员技术能力范围内,要和队员有能力完成的动作相适应,一定要避免安全事故的出现。

4.艺术性原则

舞蹈啦啦操不但是众多体育运动中的一种,还是一门艺术,也是体育和艺术充分结合后的产物。舞蹈啦啦操的表现方式往往是身体动作,利用肢体语言、音乐、服装等途径来表达情感,推动人们在多方面出现共鸣。

编排舞蹈啦啦操的过程中,必须对整体结构设计的艺术性进行深入分析,对音乐节奏和动作节奏的密切配合予以重视,使服装和舞蹈啦啦操的整体风格相统一,使音乐、服装、动作实现最佳搭配,将体育和艺术有机结合在一起。

(1)整体结构设计的艺术性

舞蹈动作组合、难度动作、过渡和连接等都是舞蹈啦啦操的重要组成部分,所以在创编过程中需要将合理布局的艺术性表现出来,不要将相同内容安排得过度集中,对高潮环节进行科学规划。当整体结构设计的科学性被保障之后,方可让观赏者感受到美。

(2)音乐选配的艺术性

在选择音乐时,最好选用流畅动听、节奏鲜明的音乐,音乐和舞蹈啦啦操风格统一是艺术性的重要反映,而音乐是舞蹈啦啦操风格的决定性要素,所以挑选出的音乐必须和项目十分贴切,同时具备鲜明特征和个性。除此之外,当舞蹈啦啦操层次出现变化时,也需要对音乐进行适当调整,防止过于单调。

(3)队形设计的艺术性

贴合实际的队形变换可对一套舞蹈啦啦操进行润色,队形变换可以集中反映舞蹈啦啦操的艺术价值。队形设计往往能够体现出教练员在艺术方面的品位以及实际想象力,所以对教练员整体素质加以提升有很大的必要性。在设计队形的过程中,要在密切结合音乐宗旨和动作特征的情况下对队形或图案进行创新。最高艺术境界是新颖、顺畅的队形变化和清晰、养眼的图案变化。

四、技巧啦啦操常用技术分析

(一)常用托举技术

1. 单人托举手法

手法1：两名啦啦操运动员站立在彼此的正前方，在完成托举动作时，充当底座运动员的两腿处于开立状态，身体重心下降、两手重叠在一起、掌心向上；尖子的两只手扶住底座肩部位置，一只脚踏踩在底座手上，为托举动作做准备，底座将尖子的脚牢牢握住（图7-47）。

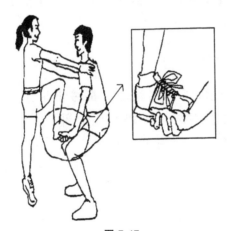

图 7-47

手法2：尖子将两只脚放在底座的肩部，底座用两只手把尖子小腿后部牢牢扶住（图7-48）。

手法3：尖子站在底座手上，底座两手朝上方举起，掌心和指尖分别朝向上方和后方，用手掌将尖子脚后部牢牢托住，用手指将脚跟后部牢牢握住（图7-49）。

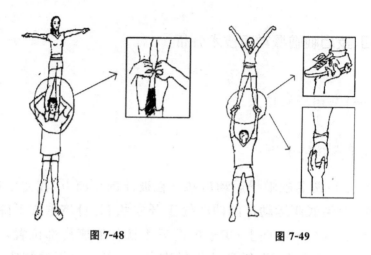

图 7-48   图 7-49

手法 4:尖子站立于底座两只手上,底座的两只手臂弯曲,掌心和指尖分别朝上、朝后,手掌托住且用手指握住尖子脚跟后部(图 7-50)。

2.双人托举手法

手法 1:充当底座的两名运动员都弓步站立,尖子站在底座后面,托举过程中尖子用两只手将底座肩部扶住,两只脚踩踏在底座大腿根部,充当底座的两名运动员一只手托扶尖子脚前部,另一只手托扶绕过尖子的小腿后部,然后将尖子小腿前上部牢牢扶住(图 7-51)。

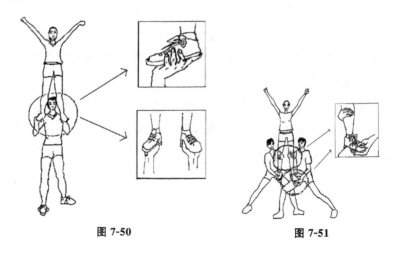

图 7-50   图 7-51

手法 2：尖子两脚依次踩在两名底座外侧手上，底座通过手把尖子脚掌牢牢托住，同时两名底座将五根手指分开牢牢握住脚趾，两名底座的另一只手将尖子对侧腿的外侧牢牢握住（图 7-52）。

手法 3：两名底座站在彼此的对面位置，两只手臂朝上方举起，掌心向上，手部的掌根都处于相对关系，尖子两脚依次踩站在底座外侧手上，底座通过手掌将尖子脚掌牢牢托住，用手指将尖子的脚趾以及脚后上部牢牢握住（图 7-53）。

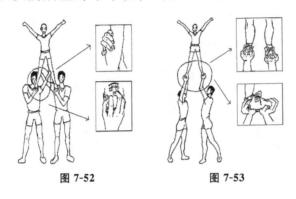

图 7-52　　　　　　　　　　图 7-53

3. 多人托举手法

手法 1：充当底座的两名啦啦操运动员都用右手握住左手腕，左手握住对方右手腕，成马步蹲立状态，尖子站在底座侧面，尖子用两只手将两名底座肩部牢牢扶住，剩余一名底座在尖子后面站立，用两手将尖子腰部牢牢扶住（图 7-54）。在托举过程中，一名底座负责托起尖子，尖子两只脚都踩在底座手上（图 7-55）。

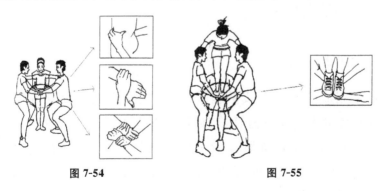

图 7-54　　　　　　　　　　图 7-55

手法 2：两名底座成左弓步站立姿势，膝关节靠内的一侧相对，左手掌心向上，尖子站在底座侧面，剩余一名底座站在尖子身后。

在预备时，尖子一只脚蹬踩在底座手上，两名底座分别负责托脚掌和托脚跟，负责托脚掌的底座用右手将尖子小腿后部牢牢扶住，负责托脚跟的底座用右手将尖子小腿前部牢牢扶住，剩余一名底座一只手握住尖子后踝部，剩余一只手握住小腿前面（图7-56）。在托举过程中，底座使劲让手臂完成上举动作，并且负责托脚的手要朝外侧伸展（图7-57）。

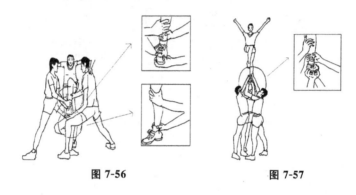

图 7-56　　　　　　　　　　图 7-57

需要说明的是，左右开立、前后开立、弓步、侧弓步、马步、军姿站是常见的下肢步伐；按照顺序蹬上、跳上、尖子翻腾上是常见的上法；按照顺序蹬下、跳下、尖子转体360°、720°下、尖子翻腾下是常见的下法。

（二）下法落地技术

1.常用落地技术

托举完成准备跳下或翻腾下时，啦啦操运动员要让在空中的身体处在紧张状态，努力让身体平衡垂直下落；在落地的一刹那要用最短时间完成从前脚掌向全脚掌的过渡过程，脚趾使劲完成抓地动作，弯曲膝盖实现缓冲，膝关节维持在适度紧张状态，使髋部弯曲，身体上半部分稍稍朝前方倾斜，腹背肌保持紧张状态，进而保证落地的稳定性。

2.帮助保护方法

帮助：当尖子刚刚学习托举动作时，为使其战胜恐惧、保证所学空中技术的准确性、使运动员始终处于安全状态，可以指导运动员使用保护带、保护垫以及海绵坑等辅助器械，进而对运动员做完所有动作提供帮助。

保护：为了让尖子始终处在安全状态，使团队实现密切协作，增加运动员对顺利做完动作的自信心，教练员需要站立在尖子做完动作方向落点的前侧下方，无时无刻不在关注尖子的动作并用口令提示尖子运动员顺利做完所有动作。倘若看到动作异常、变形时，教练员需要立即迎前，通过接、扶、挡等手法将运动员保护好。

第八章　排舞开展与技能分析

排舞是从美国传入我国的一种舞蹈形式。在跳舞时,人们一排排站立,因此得名。排舞运动是一种良好的运动健身方式,对于全民健身运动的开展具有重要的促进意义。目前,在一些中小学中开展排舞教学,发挥了其良好的健身和教育作用。本章对排舞开展与技能方法进行分析。

第一节　排舞开展研究

本节对排舞的基本理论进行分析,阐述排舞的历史发展,并对其在我国的发展现状进行简要分析,其后对其在我国的未来发展提出相应的对策。

一、排舞运动的历史发展

(一)排舞运动概述

排舞(Line Dance)可理解为排成一排来开展的舞蹈。排舞是由一整段音乐作为伴奏,以国际流行操舞动作作为舞码元素,按照一定的规律创编而成的整套动作。其是一种全球化的新型时尚健身运动。通过进行排舞锻炼,能够起到多方面的健身价值。

排舞按不同的分类标准可分为不同的种类,其具体的分类方法如表 8-1 所示。①

表 8-1　排舞类别划分

分类标准	类别
按照舞蹈动作的难易程度与变化分	(1)初级排舞:从开始到结束反复重复固定的舞码组合,动作难度及变化简单 (2)中级排舞:由两个或三个段落组合而成,舞码重复不固定,或某一段落的舞码还未跳完,就又从头开始跳,动作难度及变化较为复杂 (3)高级排舞:由三个或三个以上段落组合而成,段落重复不固定,没有规律性,动作难度及变化复杂
按照舞蹈段落重复时身体方向的变化分	(1)没有方向(面)变化:在整个舞蹈段落当中,无论舞步动作的方向怎样变化,但段落结束时仍保持段落开始时的方向 (2)两个方向(面)变化:在段落与段落之间有一次方向的变化,一般情况下是在转体 180°的方向上开始 (3)四个方向(面)变化:每重复一次舞蹈段落,都是在转体 90°的方向上开始
按排舞的动作风格分	排舞的风格有拉丁和非拉丁两种,其中拉丁风格的排舞有恰恰、曼波、伦巴、桑巴等;非拉丁风格的排舞有摇摆风格、传统风格和其他风格等

排舞根据 16、32、48 或 64 拍等节拍,对不同的舞蹈动作进行组合,并根据舞曲进行相应方向变化。一般可将排舞的基本元素概括为四个方面,即:对象、音乐、舞码、队形。对象、音乐、舞码、队形这四大元素之间相互关联,每一元素都对排舞的发展起到应有的作用。

1.对象元素

排舞即大家排在一起跳或利用固定舞码进行队形编排的一种舞蹈。对象元素包括排舞的传播和推广者,以及排舞的学习者。在校园排舞开展过程中,对象要素即为教师和学生。

---

① 钱宏颖,葛丽华.体育舞蹈与排舞[M].杭州:浙江大学出版社,2011.

2.音乐元素

音乐与舞蹈共同构成了排舞,好的音乐是好的排舞的重要前提。排舞的舞曲可由 32 拍、48 拍,或 64 拍等不同的循环节奏组成。所以每首曲子的舞步也随着特定的循环节奏而重复。

排舞的音乐素材较为丰富,国内外很多歌曲都被编成了排舞。排舞既有美国西部乡村歌曲风格,也有一些现代音乐元素,现行舞曲有 3 000 首以上。丰富多样的音乐形态为排舞的编排提供了良好的资源。多元的舞曲能够满足不同人群的需求,从而使得排舞具有广泛的参与人群。一些国家将民族特色的舞蹈和音乐也融入排舞之中,从而大大丰富了排舞的内容。

3.舞码元素

"舞码"是指一个或一组完整的舞蹈。排舞每一支舞曲都有自己独一无二的舞码,统一舞曲,跳法是一定的。排舞由众多的操舞元素构成,每一支排舞,都拥有其固定的舞码。在编制一些新的舞曲时,需要经过国际排舞协会认证才能够推广发行。

音乐与舞步的融合对排舞非常关键,习练者要掌握各舞码的节奏变化与要求。每首排舞的基本跳法规律还分为 2 个朝向、4 个朝向交替旋转或没有方向变化。排舞融合了多种舞蹈动作,在多种舞蹈元素组合变化之下,排舞表现出多样化的风格。

4.队形元素

排舞最为重要的元素之一就是"排",排即队形的编排与变换。在开展排舞时,不仅需要按一定的要求站成整齐的队列跳舞,还要在跳舞时伴随着复杂多变的队形。

当人数较多时,这时队伍排列整齐即可;当人数较少时,则既要注重队列的整齐,还要注重队伍队形的变化。在进行队形变化时,应根据动作特点来确定。

排舞的队形可分为直线、弧线、圆形、不规则等多种形式,其队形变化包括对称变化、不对称变化、依次变化、交错变化等。队形变化应有序、快速而整齐。

(二)排舞运动的起源与发展

排舞起源于 20 世纪的美国,其在初期是一种较为流行的社交舞蹈,男女结伴来一起跳,没有舞伴则没办法跳。其后,为了促进人们更多地参与其中,人们开始尝试站成一排来跳舞,从而使得排舞开始出现萌芽。其后,不同风格的排舞开始出现,人们在跳舞时不用男女结伴,大家一起跳,也可以单独跳。

在 20 世纪 70 年代,排舞在美国广泛传播开来,实现了真正意义上的发展。这时期,排舞主要有三种基本风格:其一为社交舞俱乐部开展的社交舞风格排舞,其二则是 DISCO 俱乐部开展的流行舞风格的排舞,其三则是西部乡村俱乐部开展的乡村舞风格的排舞。在这一风格的排舞传播与发展过程中,乡村舞曲风格的排舞是现代排舞的典型风格。

20 世纪 80 年代,排舞运动不仅在美国得到了较为广泛的传播,在加拿大,其也成为人们喜爱的一项舞蹈运动。在 20 世纪 90 年代,排舞已经在欧美各国得到了广泛的传播,在 20 世纪 90 年代后期,其开始向世界范围内传播。21 世纪以来,排舞开始逐渐传入亚洲国家,在日本、新加坡和马来西亚等国家颇受欢迎。

二、排舞在我国的发展现状

(一)发展现状

排舞在我国又被称为"全健排舞"(全民健身排舞)。其是在 2006 年引入我国的。2006 年,北京体操协会从国外引进这一项目,其后这一项目在这个大城市中逐渐开展起来。

2007 年,我国组建了排舞代表队来参加马来西亚国际性排舞嘉年华活动,这是我国第一次参与排舞国际活动。2008 年,我国开展了第一期全健排舞初级培训班,多家媒体进行了报道,促进了我国排舞运动的发展。

2008 年,随着奥运会的举办,以及全民健身运动的兴起,全健排舞作为新兴的全民健身项目在全国范围内得到了广泛的推广,参与人数不断增多。

2009 年,国家体育总局体操运动管理中心首次将排舞列为全国万人健美操的比赛项目,并同时成为 20 多个分赛区的比赛项目。全健排舞组委会建立了相应的全健排舞网站,开展了相应的全健排舞比赛。2010 年国家体育总局体操运动管理中心出台了全国排舞比赛评分规则(修订版)。

"2014 全国全健排舞大赛"在浙江举办,来自全国各系统、各行业的 70 支代表队超过 1 500 名队员参加了本届比赛。2015 年,以"中国梦·劳动美·幸福路"为主题的全健排舞大赛在安徽举行。通过这些排舞比赛的开展,对于健身排舞在基层的推广、普及具有积极的促进作用。

(二)排舞与广场舞的区别

广场舞在我国得到了广泛的开展,不管是乡村还是城镇,都有大量参与广场舞锻炼的人群。排舞与我国近年来兴起的广场舞有诸多相似之处,但是其有诸多的不同之处。具体表现在如下几方面。

1.歌曲和动作方面的差异性

排舞的每一支舞曲所对应的舞蹈动作都是固定的,其每一套动作都要由国际排舞协会进行认定。舞曲对于步伐、旋转角度和行进方向等方面都会有相应的规定,一支舞曲的下肢动作有着严格的要求,但是手部动作要求相对不严格。

与排舞相对,广场舞具有很大的灵活性,其是由人们自己创编的舞蹈,并且不同的地区具有鲜明的地域风格。在开展广场舞时,即使相同的舞曲也会有不同的舞步。在进行广场舞编排时,人们可根据自身的情况来进行创编创新。

2.表演目的的差异性

相对于广场舞而言,排舞具有鲜明的表演性和观赏性,其各种舞蹈动作体现着舞蹈之美,并且表演者的技术美、身体美和精神美等各个方面能够给观众留下美好的印象。

广场舞是人们开展的一种休闲体育活动,具有很大的娱乐性,人们自娱自乐,具有广泛的参与性。人们参与广场舞的主要目的是为了健身,对于技术动作的标准性要求不高,广场舞是人们用来调节身心的一种良好的手段。

3.参与人群的差异性

排舞种类较多,一般可将其分为初级、中级和高级三种形式,不同的难度适合不同的年龄阶段的人们进行练习。因此,参与排舞锻炼的人群年龄跨度较大,既有青少年人群,也有老年人群。

与之相比,广场舞的套路动作并没有进行难度分级,创编的广场舞大都以中老年人为对象,参与广场舞的人群也多为中老年人,参与人群相对较为单一。

三、排舞运动的发展对策

(一)创编既有中国元素又有国际流行元素

在开展排舞运动时,应将我国的民族文化元素与国际流行元素相结合,从而使得我国的排舞和动作与国际接轨,促进我国排舞运动得到更好的发展。具体而言,应注意以下两方面。

1.选用具有中国民族文化的舞曲

我国民族文化底蕴深厚,在此基础上形成了独具民族特色的舞乐文化。我国的现代音乐人也创编了很多蜚声内外的音乐和歌曲。我国的歌曲资源丰富,在进行排舞创编时,可选择一些在我国和国外都知名的歌曲,这样能够更好地被国内外所接受。

2.选用中国民族舞元素为编排素材

排舞是一种融合了多种舞蹈动作的运动,其具有多元文化性特点。在进行排舞舞蹈动作创编时,可合理地融入一些我国的民族舞蹈,从而使得排舞具有更加鲜明的民族特色。

在开展排舞创编工作时,应将我国传统舞蹈动作与体育舞蹈和大众舞蹈形式融合在一起,实现中西合璧。我国舞蹈文化具有自身的个性特点,通过将我国的舞蹈动作融入排舞之中,能够实现排舞更加多元化的发展。

在进行舞蹈动作创编时,应注重动作的有序性与流畅性,避免生硬衔接,使得我国的民族元素真正融入排舞之中。

(二)创编者需要创新精神

排舞的创编是创编者思维和智慧的体现,要体现良好的创新性,舞蹈动作应具有一定的艺术感。在进行排舞创编时,应具有良好的创新意识和精神,并注意以下几方面要求。

1.学习规则,高要求,高标准

在进行排舞编排时,应注重对排舞的规则和理论知识进行学习,熟悉排舞比赛的相应规则,同时还要掌握各种舞种的相关技术动作,为进行排舞的创编打下良好的基础。通过上述各方面的学习,才能够灵活进行排舞的创编。

在进行排舞创编时,还应具有较高的标准和要求,应具有明确的目标,合理选择舞曲,使得舞曲与舞蹈动作相契合。在进行动作创编时,应保证整个动作的流畅性和合理性。

2.自我个性化的培养

在进行排舞创编时,创编者应注重自身个性化的培养,创新思想和认识,从而使得排舞充满个性。如果创编的舞蹈雷同,则就会失去排舞特有的魅力。排舞创编是创编者才智的展现,这就需要创编者注重自身的发展。

创编者应加强自我认知,融汇自身所学,将其逐渐转化为自身独有的风格特点。在进行排舞的创编时,既要注重其社会性,使得大众易于接受,又要注重其个性化,使得创编的排舞具有创新性,发挥自身的个性特点。

3.学会独立思考

在进行排舞的创编过程中,应注重积极进行多角度的思维,突破传统思维的局限。在进行排舞创编时,应充分融入自身的情感,融入智慧。应开放创编形式,突破传统结构模式,积极探索排舞发展的未来趋向。

第二节 排舞运动基本技能分析

排舞以国际流行操舞动作作为舞码元素,内容和形式丰富多样,适合不同的人群进行习练。本节选取排舞初级、中级和高级的一些典型项目,对其基本技术进行分析。

一、初级——《昆力奔驰》

初级排舞套路,基本以 32 拍等不同的循环节奏所组成。初级排舞的舞步会随着特定的循环节奏重复,跳法规律可保持不变。其舞步融合了很多社交舞蹈的动作,易于学习。

初级排舞众多,在这里主要对《昆力奔驰》的基本动作套路进行分析。《昆力奔驰》动作活力激情、步法利落、舞态豪放。舞曲音乐热烈,4/4 拍。前奏为 $2×8$ 拍,2 个方向。起步以左脚开始。

其具体动作分析见表 8-2、表 8-3、表 8-4 和表 8-5 所示。①

表 8-2　并退摇摆步 1×8 拍

节	拍	脚步动作	手臂动作
一	1a2	向左追步,同时向左转体 90°	两臂上举,握拳向左自然摆动
	3a4	向右追步,同时向左转体 90°	同上,但向右摆动
	5a6	向左追步,同时向左转体 90°	同上,但向左摆动
	7a8	向右追步,同时向左转体 90°	同上,但向右摆动

表 8-3　左右摆臂前追步 1×8 拍

节	拍	脚步动作	手臂动作
二	1	左脚向左一步,脚尖点地	两臂经下向右摆至左臂侧平举,右臂胸前平举,拳心向下
	2	还原,微屈膝	还原
	3	右脚向右一步,脚尖点地	两臂经下向左摆至左臂侧平举,右臂侧平举,拳心向下
	4	还原,微屈膝	还原
	5	左脚尖前点地	两臂体侧自然摆动
	6	左脚尖后点地	同上一动作
	7a8	左脚前进锁步	同上一动作

表 8-4　前进后退锁步

节	拍	脚步动作	手臂动作
三	1	右脚脚尖前点地	两臂体侧自然摆动
	2	右脚脚尖后点地	同上一动作
	3a4	右脚前进锁步	同上一动作
	5	左脚前进一步,重心前移	同上一动作
	6	右脚还原步,重心后移	同上一动作
	7a8	左脚后退锁步	同上一动作

---

① 钱宏颖,葛丽华.体育舞蹈与排舞[M].杭州:浙江大学出版社,2011.

表 8-5　曼波转体 1×8 拍

节	拍	脚步动作	手臂动作
四	1	右脚后弓步	右臂握拳经前向后摆至后上举,同时向内(逆时针)绕环一周,左手叉腰
	2	左脚还原步	同上一动作
	3a4	前进锁步	两臂体侧自然摆动
	5	左脚曼波步	同上一动作
	6	右脚还原步,重心后移,同时向右后转体180°	同上一动作
	7	左脚前进一步	同上一动作
	8	右脚并左脚	同上一动作

二、中级——《我心永恒》

相比于初级排舞,中级排舞的舞码变化更加多样,节奏和方向更加多样,舞蹈形式更具特色,融合了更多的现代舞蹈动作。在这里主要对《我心永恒》进行的动作套路解析(表 8-6)。

《我心永恒》动作潇洒,步法如行云流水。舞曲恬愉,4/4 拍。8×8 拍,前奏 4×8 拍,4 个方向,起步以右脚开始。①

表 8-6　排舞《我心永恒》技术动作分析

节	拍	脚步动作	手臂动作
一	1、2	右脚开始向前进二步	两臂于身体两侧,保持不动
	3a4	右脚前进锁步	两臂经前交叉至侧平举,掌心向上
	5a6	左脚后退追步,同时右后转体180°	两臂屈肘,手背贴住腰
	7、8	右脚向后曼波步	手保持不变

---

① 钱宏颖,葛丽华.体育舞蹈与排舞[M].杭州:浙江大学出版社,2011.

节	拍	脚步动作	手臂动作
二	1a2	右脚向前,左脚小步向后微移重心,右脚抽回小步,做侧行桑巴步	左臂经侧摆至前举,手心向外
	3a4	左脚向前,右脚小步向后微移重心,左脚抽回小步,做侧行桑巴步	右臂经侧摆至前举,两臂交叉,掌心向外
	5a6	同1a2	左臂摆至上举,右臂侧举
	7a8	同3a4	右臂摆至上举,左臂侧举
三	1	右脚向前一步	两臂还原于体侧
	2	左脚向前1小步,同时向左后转体180°	同上
	3	右腿提膝	两臂摆至上举
	4	右脚上步	同上
	5	左脚向前一步	两臂经体侧背手于腰间
	6	右脚原地步,同时向右后转体180°	同上
	7	左腿提膝	同上
	8	左脚上步	同上
四	1	右脚向前一步,同时向左转体90°,屈膝右侧顶髋一次	两臂屈肘,手背贴住腰
	2	重心还原	同上
	3	再向右侧顶髋一次	同上
	4	重心还原	同上
	5	右脚向左脚后交叉	两臂经体前侧交叉前伸,掌心向上
	哒	左脚并于右脚	两臂大开支侧平举,掌心向上
	6	右脚向侧打开一步	同5
	7	左脚向右脚后交叉	两臂屈肘,手背贴住腰
	8	双脚向后转体180°	同7
五	1	右脚向侧一步,脚尖点地	两臂摆至侧平举,掌心向后
	2	右脚并左脚	两臂摆至体前交叉
	3	左脚向侧一步,脚尖点地,同时右后转体180°	同1

节	拍	脚步动作	手臂动作
五	4	左脚并右脚	同2
	5～8	同1～4	同1～4
六	1	右脚向前一步	自然摆臂
	2	左脚原地一步	同上
	3	右脚向前一步,同时右转180°	同上
	哒	左脚向右脚后交叉	同上
	4	右脚向前一步	同上
	5	左脚向前,交换腿跳	同上
	6	右脚向前,交换腿跳	同上
	7	同5	同上
	8	保持不动	同上
七	1	右脚向侧一步	两臂胸前交叉,掌心向内
	2	左脚原地一步,同时左转45°	同1
	3哒4	右脚向前恰恰恰(锁步)	左手叉腰,右臂摆至斜后举,掌心向下
	5	左脚向侧一步,同时右转45°	两臂胸前交叉,掌心向内
	6	右脚原地一步,继续右转45°	同5
	7哒8	左脚向前恰恰恰(锁步)	右手叉腰,左臂摆至斜后举,掌心向下
八	1	右脚向前一步,左转45°	自然摆臂
	2	左脚原地一步	同上
	3	右脚向后一步,同时向右转体180°	同上
	4	左脚继续向前一步	同上
	5	右脚再向前一步	同上
	6	左脚向侧打开一步,同时向左转体90°	两臂胸前平屈,掌心向下
	7	右脚向前一步,同时向左转体180°	两臂向侧打开至侧平举,掌心向下
	8	左脚继续向前一步,同时向左转体180°	两臂还原于体侧

三、高级——《相约北京》

高级排舞由三个或三个以上段落组合而成,段落重复不固定,没有规律性,动作难度较大,并且复杂多变。在这对《相约北京》的动作套路进行分析。

《相约北京》的音乐为藏族抒情风格。节奏:中;节拍:8×8,2个方向;前奏:4×8;间奏:2×8;以右脚起步。其具体动作见表8-7至表8-17。《相约北京》技术动作的连接方法:前奏—A×3(第3次加原地踏步4拍)—间奏—前奏—A×3(第2次加原地踏步4拍)—A(1×8)—右后转体180°向前走(8拍)—结束。①

表8-7 前奏:4×8

节	拍	脚步动作	手臂动作
一	1~4	右脚侧交叉步,第4拍左脚脚跟点地,身体左转45°	两臂屈臂自然摆动
	5	左脚向侧一步,重心换到左脚	
	6	右脚脚跟点地,身体右转45°	击掌
	7	右脚向侧一步,重心换到右脚	
	8	左脚脚跟点地,身体左转45°	击掌
二	1~8	动作同第一个八拍,但方向相反	同(一)
三	1~8	动作同第一个八拍	同(一)
四	1~8	动作同第二个八拍	同(一)

① 钱宏颖,葛丽华.体育舞蹈与排舞[M].杭州:浙江大学出版社,2011.

表8-8　间奏:2×8

节	拍	脚步动作	手臂动作
一	1～4	原地踏步	两臂自然摆动
	5 哒	右脚向左前斜方 1/2 漫步,左脚原地一步	双手叉腰
		右脚向后 1/2 漫步,左脚原地一步	
	6 哒	右脚向侧 1/2 漫步,左脚原地一步	
	7 哒	右脚并左脚跳	
	8		
二	1～4	同(一)5～8 动作	
	5～8	踏步向右后转 180°	两臂自然摆动

表8-9　1×8

节	拍	脚步动作	手臂动作
一	1～4	右脚开始向前踏步 4 次	两臂自然摆动
	5～6	右脚脚跟前点地一次,然后还原	5:右臂侧平举,左臂胸前平举;6:放于体侧,双手握拳
	7～8	左脚脚跟前点地一次,然后还原	7:左臂侧平举,右臂胸前平屈;8:放于体侧,双手握拳

表8-10　2×8

节	拍	脚步动作	手臂动作
二	1	右脚右侧一步	双臂在体侧
	2	左脚左侧一步	
	3	右脚左后交叉	
	哒	左脚并右脚	
	4	右脚左前交叉	
	5～8	同 1～4,但方向相反	

表8-11　3×8

节	拍	脚步动作	手臂动作
三	1~2	右脚后踏一步,提左腿	身体带动双臂左上摆
	3~4	左脚后踏一步,提右腿	身体带动双臂右上摆
	5~6	右脚1/2后漫步	两臂提前交叉
	7~8	右脚向前锁步	右臂斜上举,左臂斜下举

表8-12　4×8

节	拍	脚步动作	手臂动作
四	1~2	左脚上步右后转180°	左臂前摆
	3~4	左脚向前锁步	自然前后摆动
	5~6	右脚向前点地同时转体90°	两臂上举逆时针绕环一圈
	7~8	同5~6	同上

表8-13　5×8

节	拍	脚步动作	手臂动作
五	1~4	右脚侧交叉步,第4拍左脚脚跟沿地面向侧踢	两臂前后自然变动,第4拍右臂前摆
	5~8	同1~4,但方向相反	

表8-14　6×8

节	拍	脚步动作	手臂动作
六	1~2	右脚向右斜前方侧并步	两臂上举向右摆动
	3~4	左脚向左后方侧并步	两臂上举向左摆动
	5~6	右脚侧并步,向左转体45°	5:两臂肩侧屈;6:击掌
	7~8	左脚侧并步,向左转体90°	7:两臂肩侧屈;8:击掌

表8-15　7×8

节	拍	脚步动作	手臂动作
七	1～2	右脚向前点地提跨	两臂上举
	3～4	左脚向前点地提跨	两臂向下压腕
	5	右脚向前踏点	
	6	左脚跟并	向下压腕
	7～8	动作同5～6	

表8-16　8×8

节	拍	脚步动作	手臂动作
八	1～2	左脚向前1/2漫步	随动作自然摆动
	3～4	左脚向后退锁步	
	5～6	右脚向后1/2漫步	
	7～8	右脚上前两步左后转体360°	

表8-17　结束:2×8

节	拍	脚步动作	手臂动作
一	1～4	右脚开始向前踏步走4次	两臂自然摆动
	5～6	右脚脚跟前点地1次	5:右臂侧平举,左臂胸前平屈;6:放于体侧
	7～8	左脚脚跟前点地1次	7:左臂侧平举,右臂胸前平屈;8:放于体侧
二	1～4	右脚开始原地踏步4次,转体180°	两臂经前交叉成侧平举
	5～7	向前踏步走3次	两臂侧平举
	8	左脚上前一步,右脚后点地	两臂斜上举

第三节 校园排舞运动的发展

2007 年,我国开始推广《第一套全国中小学校园集体舞》,但是由于种种原因,校园集体舞的推广并没有深入下去。2007 年 7 月,中国教育学会举办的"中学体育教师高研班"举办,排舞作为一种新兴体育项目向中学体育教师推广。2007 年 9 月,厦门的一所中学开始尝试推广校园舞蹈,将排舞融入校园,使得排舞成为中学课堂的新型项目。2009 年,中国教育学会进行"十一五"中小学"体育与健康"新课程资源利用与开发课题的立项工作,校园排舞作为新资源被再次隆重推出。2010 年以后,校园排舞开始在多省市开展起来。校园排舞在开展过程中,通过两种途径,其一为设计和安排相应的排舞课程,其二则是开展排舞竞赛。本节对排舞的开发与竞赛开展的相关理论进行分析。

一、学校排舞课程的开发

(一)排舞课程开发的原则

校园排舞丰富了学生体育课程的选择,满足了学生多样化的体育需求,具有多方面的意义。校园排舞课程在开发时,应注意以下几方面的基本原则。

1.遵循学生的需求性原则

校园排舞在开发过程中,应注重突出学生的主体地位,积极满足学生的需求。排舞课程的开发应满足学生的发展需求,促进学生的成长。在进行校园排舞的开发时,应积极促进学生个性的发展,为学生的未来发展创造良好的发展空间。具体而言,在实践过程中,对于课程目标设置、内容规划和方法选择等方面,都应坚持满足学生多方面的需求。

2.遵循学生的实践性原则

校园排舞课程是体育教学的重要方面,而体育教学注重学生的身体实践,积极通过身体实践来促进学生体质的增强、技能的发展。因此,在开发排舞课程时,应注重学生的实践性原则。通过进行排舞实践,促进学生身心的发展和完善,提高其社会适应能力;通过参与排舞运动,促进学生对于舞蹈美的欣赏能力的提升,促进其创新思维的培养。总而言之,排舞课程应使得学生充分参与其中,促进学生的全面发展。

3.遵循学生的个性化原则

在进行排舞课程开发时,应注重学生的个性化原则,实现学生个性的自由发展。在开展排舞教学时,应促进学生的自由发展,不拘泥于体育课堂的限制,充分实现课内外的结合,使得学生的个性能够得到充分的展现。还应注重学生创新能力和创新意识的培养,在教学时,应坚持因材施教,针对不同学生的个性特点采用不同的教学方法。在进行教学评价时,也应充分尊重学生的个性。

排舞运动本身就是一种融合了多种舞蹈风格的舞蹈形式,其舞曲也多种多样,这就使得其能够在很大程度上满足不同学生的不同需求。

4.遵循教与学的过程性原则

校园排舞的教学中,应充分注重其整个教学过程,使得学生在教学过程中获得良好的体验,实现不断发展。教学本来就是一个师生互动的过程,如果学生在教学时不能获得良好的体验,其学习的效果无疑会大打折扣的。这就要求在进行排舞课程开发时,应注重学生的情感体验,为学生创造良好的教学氛围,使得学生能够充分体验到排舞的乐趣。

在进行课堂教学时,应不断对教学的过程进行丰富和完善,及时总结经验教训。通过实现师生之间的良好互动,更好地彰显排舞运动的魅力。

(二)排舞课程开发的开发条件

在积极推进校园排舞课程的开发以及排舞运动在校园中的发展过程中,不仅需要教师积极工作,而且国家体育和教育政策是重要的基础和保证,而校领导的积极关注则也是重要的方面。

1.阳光体育政策支持

为了积极推动学生参与体育锻炼,我国在 2006 年以来积极推动校园阳光体育活动开展。在多方面政策的影响下,我国学生参与体育运动锻炼的人群不断增多。学校在积极推进阳光体育运动时,应积极促进校园排舞运动的推广,并建立相应的评级制度,对于表现良好的学生、班级进行表彰。通过这种方式能够促进学生家庭对于校园阳光体育活动的关注,推动排舞运动在校园中得到更好的发展。

2.学校领导支持

在校园中推动排舞运动的开展时,学校领导的支持是重要的方面。如果没有校领导的支持,排舞运动是很难开展的。学校不仅可提供相应的物质保证,还可从政策、制度等方面积极促进排舞运动的发展。在校领导的关注下,排舞课程能够得到更好的开发,各部门之间协调工作,促进校园排舞课程体系的建设。

(三)排舞课程开发的要求

1.学生的要求

在开展体育教学时,学生的发展和提高才是教学活动的关键,各项教学工作都围绕学生来开展。现代体育教学改革中,应积极推动学生主体地位的发挥,促进学生在教学过程中的积极主动性的提升。在进行排舞课程开发以及教学过程中,应注重学生积极参与其中,使得学生的需求得到满足。学生参与校园排舞课程的开发,能够更好地调动学生参与学习的积极性,使得学生更好地融入排舞教学。

在进行排舞课程开发时,应注重学生以下几方面的培养和发展。

(1)强化校园排舞意识

在进行校园排舞课程的开发时,应注意让学生充分了解排舞的概念,对于校园排舞的理念与教训目标等方面充分理解。很多学生不了解排舞,甚至将排舞认为是广场舞,从而不愿参与。应树立对于排舞的正确认知,建立良好的排舞参与意识,使得学生积极主动投入排舞学习之中。

(2)培养新型的学习习惯

在进行排舞课程设置时,应注重学生新型学习习惯的培养。应使得学生理解自身在学习过程中的主体地位,不过分依赖教师,积极发挥自身的能动性,充分参与教学过程。应积极发挥学生的自主性,积极扭转学习理念和学习习惯,实现师生更好的互动。

(3)培养学生创新素养

创新意识和创新能力是现代教学中尤为重要的方面,也是现代新型人才所要具备的意识和能力。在排舞教学中,应积极促进学生创新意识和创新能力的培养,培养学生的开拓意识和进取精神,鼓励其积极进行学习探索。

(4)培养自我管理能力

学生的自我管理能力具有重要的作用,通过培养其自我管理能力,能够实现其未来更好的发展。在排舞教学中,应积极鼓励学生社团建设,学生进行自我管理。在教学过程中,应使得学生充分参与整个学习的过程,发现问题,制定问题解决的对策,提升其动手能力。

（5）培养正确的课堂观

在课程教学中，既要注重课堂的规范，也要注重学生个性的发挥。应鼓励学生展示肢体语言，活跃课堂氛围。引导学生主动参与课堂学习，培养其树立自信心，建立积极的课堂学习观念。

2.教师的要求

在排舞教学中，教师发挥着尤为重要的作用，其是教学项目开发的主体，实施教学活动，在排舞教学中发挥着主导作用。教师在排舞教学中应充分注重两重身份要求。

（1）第一重身份的要求

教师和校领导是校园排舞的规划者，负责对教学的各方面工作和资源进行管理。通过对校园排舞实践进行管理、研究，不断对校园排舞进行实践，使得校园排舞获得更好的发展。

其一，规划者应注重校园排舞队伍的建设，促进教师队伍的水平不断提高，提升校园排舞教学的质量。

其二，规划者应积极促进排舞和教学方面的理论建设，促进自身素质的不断发展，提高课堂的创新能力。

其三，规划者应积极协调和促进各方面积极努力，推动排舞教学的不断进步。

（2）第二重身份的要求

教师是校园排舞课程教学的实施者，根据相应的教学计划方案来开展教学。好的教学实施者能够引导学生参与课程教学，更好地完成教学目标，促进排舞在校园中更好地开展。

校园排舞教学的实施者应不断促进自身教学理念的发展，推动新的教学手段和方法的运用，积极推动学生主体地位的确立。在教学中应不断对排舞教学的各个方面的工作进行总结、反思和改进，树立自身的教学风格。在课堂教学中，应积极推动学生积极参与教学过程，引导学生对课堂进行积极的探索和体验。

（3）教师的自我发展要求

排舞在我国是一种新兴运动项目，在我国发展时间较晚。教师在开展排舞教学中,首先应加强自身的发展,积极开展排舞相关理论的学习,积极开展技能的研究,不断提升自身的排舞方面的素养。同时,教师还应积极推动自身教学能力的提升。排舞不同于其他形式的体育运动,其对于教师的专业教学素质具有更好的要求。总而言之,教师既要注重排舞专业理论的提升,又要注重教学技能的不断提升。具体而言,教师应注意以下两方面。

其一,在开展学术研究时,只有"百家争鸣"才能够促进学术水平的不断提高。否则只有一家之言,难以推动学术活动的发展。在开展排舞方面的研究时,教师和学校不仅要自身进行努力研究,也可积极邀请一些相关方面的专家、学者等开展专题讲座,或进行教师培训,不断接受新的理念,促进理念方面研究的不断发展。另外,为了促进学生的发展,可积极开展校内外的排舞比赛和学习,积极促进学生之间的沟通与交流。

其二,教师应积极推动学生进行思考,积极引导学生进行学习。教师要不断引导学生积极参与整个教学过程,使得学生不断思考和解决教学中遇到的问题。教师应不断研究和掌握新的教学方法,积极贯彻新的教学理念,提升教学的艺术。

3.学校的要求

学校在开展排舞运动教学过程中,需要多方面的资源基础。不仅需要良好的课堂开发团队、师资资源,也需要良好的物质设施保障。具体而言,学校应注意以下方面。

(1)适宜的硬件基础

其一,人力资源。在进行校园排舞开发时,需要学校具备优秀的课程开发团队,不断丰富和完善排舞课程。同时,还需要校领导的支持,为排舞发展创造良好的条件。

其二,物质保障。校园排舞需要具有一定的物质保证,这是开展排舞教学的重要基础。学校不仅需要宽阔的操场,方便学生在户外开展排舞学习;还应具有相应的专用教室,方便学生在天气不好时在室内学习。除此之外,学校还需要配备相应的音响设备。

（2）和谐的软件基础

有了适宜的硬件基础之后，学校还应具有良好的软件基础，积极树立教学理念，开展排舞科研。

其一，理念先行。要构建学校推广平台，打造学校特色名片，坚持"素质引领，均衡发展，管理创新，特色立校"的工作理念，重视创新教研形式，以教研促教学。

其二，科研引领。学校应当做好校排舞课程的建设，在相关的教育政策的指导下积极进行校园排舞的开发。在进行学校课程开发研究基础上，不断深化研究，开拓进取。

其三，积极总结和探索排舞教学和竞赛的经验和教训，促进排舞教学理论的发展，推动排舞竞赛体系的建设。

4.社会的要求

（1）教育环境的营造

社会文化环境对于教学活动的开展具有重要的影响。社会需求就是开展教学活动的重要基础。因此，在开展排舞教学时，应创建良好的社会环境。地区教育部门和学校应重视排舞课程建设，能用科学发展观统领教育教学工作，促进整个教育环境的良性发展。

（2）社区文化建设

社区是现代社会的重要概念，人们生活在社区之中，而学校也处在相应的社区环境中。因此应注重社区环境的建设。地方健美操协会应对各社区进行义务排舞宣传、推广，使得各个社区排舞运动得到快速普及，促进学校与社区之间的交流与互动。

（3）家庭的积极参与

家庭教育对于学生的发展具有极为重要的作用。在开展排舞教学时，家长的积极鼓励尤为重要。家庭成员一同关注健康，一同关注校园排舞，有助于家长与孩子的交流与沟通，促进校园排舞更好地开展。学校应积极与家长和社区进行互动。在开展排舞教学时，应积极推动家庭、校园、社区相结合，推动排舞由校园向社会的扩散,实现排舞进一步发展。

(四)排舞课程开发规划

在进行排舞课程开发时,应在对其他学科进行借鉴,以及对其他学校经验借鉴的基础上,制定合理的排舞课程开发规划,按照课程开发规划来推动校园排舞课程的建设。

1.课程说明

排舞有不同的难度分级,为了方便教学,也可设立不同等级的排舞课程。可设置初级课程、中级课程、高级课程三个层次的教学班。应当以学生身心和社会适应的发展作为校园排舞三个层次教学的理论支撑,制定相应的教学目标、教学内容和教学模式。课程说明可参考表 8-18 所示。[①]

表 8-18　课程说明参考

层次	课程简介	水平目标
初级课程	是学习校园排舞的入门课程,以"快乐体验"为主,目的为让大家建立校园排舞观念,培养兴趣,体会校园排舞给大家带来的快乐;初步体会校园排舞,所学内容动作节奏强、方向变化简单	让学生积极参与校园排舞推广,建立对校园排舞的认识,培养对校园排舞的兴趣;以"我排舞,我参与"为教学目的;掌握初级课程的学练方法,区分出简单的不同风格的排舞
中级课程	在初级课程的基础上进行提高,是针对有兴趣进一步学习校园排舞,在初级班的基础上能进行更主动学习的学生而开设的一门课程,中级排舞主要是让大家体会校园排舞动作的美感、速度、力量	让学生热爱校园排舞,从学习中体会校园排舞带来的健康快乐。以"我排舞,我快乐"为健康目标,提高学生自身对校园排舞之美的认识,强调积极主动参与,培养学生带得走的能力

---

① 　连仁都.校园排舞[M].厦门:厦门大学出版社,2014.

续表

层次	课程简介	水平目标
高级课程	高级课程就是为创建一个良好的学习环境,使学生能根据自身的经验进行创造性学习,培养其创新精神与思维,让学生自身对校园排舞有更高的认识,以提高自身综合能力而开设的一门课程	让学生学会自创自编,以"我排舞,我行"为实践目标。强调校园排舞学习是为了提升自我综合能力,学生以自主学习为主,理解多元的舞蹈组合元素,能用自己的智慧解读校园排舞

2.课程纲要

校园排舞课程纲要是校园排舞课程体系的重要依据,制定合理的课程纲要,才能够制定科学的教学计划。校园排舞课程纲要包括校园排舞内容框架、校园排舞课程指导两大方面(表 8-19、表 8-20)。[①]

表 8-19 校园排舞内容框架参考表

层次安排	教学目标	学时安排	教学内容	主要方法
初级课程	树立"我排舞,我参与"的课程目标意识	18	基本由 32 拍不同的循环节奏所组成,初级课程融合了多种社交舞步,如牛仔、恰恰恰、曼波和桑巴等的基本舞步,使动作简单易学,能够跳出自己的风格	看录像及教师示范、讲解;学习者学练相结合;反复练习、相互观察纠正
中级课程	树立"我排舞,我快乐"的课程目标意识	18	基本由 32、48 或 64 拍等不同的循环节奏组成,中级课程融合了武术、街舞、牛仔、摇滚和民族舞、现代舞等舞步,让排舞在多元素组合与变化之下,增加魅力	看录像及教师示范、讲解;学习者学练相结合;反复练习、相互观察纠正

---

① 连仁都.校园排舞[M].厦门:厦门大学出版社,2014.

层次安排	教学目标	学时安排	教学内容	主要方法
高级课程	树立"我排舞，我行"的实践的课程目标意识	18	由三个或三个以上段落组成，段落重复不固定，动作难度大且变化复杂。高级课程融合了恰恰恰、爵士舞、舞厅舞、街舞等舞蹈元素	看录像及教师示范、讲解；学习者学练相结合；反复练习、相互观察纠正

表8-20 校园排舞课程指导参考表

层次	初级课程	中级课程	高级课程
具体内容	《5678》《查尔斯顿牛仔》《小精灵》《一起共舞》等	《功夫熊猫》《林间漫步》《昆力奔驰》《拍拍手》等	《读你》《请你恰恰》《柔声细语》《快乐列车》等
具体目标	认知：初步了解校园排舞这项运动，且能认识其运动规律与特点； 情感：让学生主动积极参与，感受校园排舞给自己带来的快乐； 技能：掌握初级课程的内容，掌握校园排舞节奏，四肢协调； 舞风舞韵：初步认识校园排舞在身体、心理和社会适应等方面的目标	认知：加深对校园排舞的理解，认识其独特性，建立校园排舞概念； 情感：培养对排舞的热爱，从校园排舞学习中提升对美的认识； 技能：掌握中级课程的内容，能较好地控制节奏、协调四肢； 舞风舞韵：体会校园排舞在身体、心理和社会适应等方面的发展目标	认知：能读懂校园排舞，有个人见解，能用自己的肢体动作诠释它； 情感：把对校园排舞的认识提升到一种专业高度，能享受其创新的主题； 技能：掌握高级课程的内容，进行自我创编，发展自身综合能力； 舞风舞韵：积极实践，促进身体、心理和社会适应等方面目标的实现

层次	初级课程	中级课程	高级课程
学习方式	以积极参与为主,在参与中了解校园排舞,通过自己的观察与体验,实现彼此合作、自我学习,培养积极思考问题的习惯	以自主学习为主,结合探究学习,通过观察、体验,把中级课程的特点及要求把握好,注重互动学习、创新学习方式的培养	以体验分享为主,通过教师的提示,学生自己进行体验、创编,与同学一起分享、总结所学的内容,最后进行运用,实现合作、探究学习
学习策略	设置不同的练习节奏,自主学习,在探讨中发现问题,形成符合学生自己的学习方法,巩固技术。注意培养学生的节奏意识,重视肢体语言的培养,寻找属于自己风格的动作	让学生体验、感受舞美,进行自主学习,在学习中发现问题,然后再寻找解决问题的办法。强调身体、心理和社会适应等方面的目标	让学生学习分享,并进行校园排舞创新学习、创新思维的培养。通过自我学习设置、动作编排,培养他们积极思考问题的习惯;实现教学目标,在实践中提高自己
教学评价	以实现教学目标为评价依据,注重学习的过程性评价。主要侧重学生整个课堂参与意识的体现、在学习过程中发生了哪些积极的行为变化,以此作为评价标准	以实现身体、心理和社会适应等方面目标为评价依据,注重过程性和终结性评价,主要侧重学习方式的培养及学习综合能力的提升,以此作为评价标准	以自主学习,自我管理,实现身体、心理和社会适应等方面目标为评价依据,注重学习过程中个人创新思维能力以及个人独特领悟能力方面的突破,以此作为评价标准
实施建议	初级课程教学时,先进行完整示范,让学生进行体验式学习,在体验过程中建立对校园排舞的初步认识,变"要我学"为"我要学"。在学习中逐渐建立对校园排舞的情感	中级课程教学时,主要阐述学习的目的和意义,让学生自觉地围绕校园排舞进行学习,强化学习过程中自主意识的培养,在学习中感受排舞的舞风内涵	高级课程教学时,主要培养学生对问题的探讨与钻研的精神,强化创编、创新能力的培养,强化学习中主观能动性意识的培养,倡导合作学习,引导学生自主学习习惯的养成

二、排舞竞赛的开展

在校园中开展排舞活动时,应积极推动排舞运动比赛的开展,使得其与校园排舞教学相得益彰。排舞竞赛的开展是一项较为复杂的活动,需要对各个方面进行细致管理,保证整个竞赛环节的有序开展。具体而言,排舞竞赛的开展应注意以下几方面。

(一)召开筹备会议

筹备会议由主办单位或主要负责人召集有关单位及部门(主要是各学院)的相关人员出席。会议的主要内容是协商并落实有关竞赛的具体事宜,包括确定承办单位和协办单位、经费来源、比赛日期、地点、规模等。成立筹备小组,将任务分工落实到具体的人。

(二)制定竞赛规程

竞赛规程是组织比赛的法规性文件,是比赛筹备工作的依据,也是参赛单位、运动员、教练员及裁判必须执行的准则,具有权威性和指导性。竞赛规程应由主办单位制定,竞赛规程和竞赛通知、报名表一般应至少提前三个月下发给有关单位,以便参赛单位有充分的时间准备并安排好各项事宜。制定规程要依据竞赛的目的任务、经济实力和竞赛的诸多条件确定各项具体内容,规则内容应严谨,概念清楚,文字表达正确简练,使执行者不易产生误会。

竞赛规程应对比赛的目的、主办单位、比赛时间、比赛地点、比赛项目、比赛办法等方面进行说明。其中,对参赛办法和竞赛办法方面的要求如下。

1.参赛办法

(1)资格:确定参赛的资格,明确参赛的范围、人数、男女比例等有关规定。

（2）报名：规定报名时间、地点及要求。

2.竞赛办法

（1）根据各组报名比赛报名情况决定预、决赛，比赛顺序可按抽签顺序决定。

规定曲目：相同曲目可以一个队或几个队同时上场比赛。

自选曲目：每队单独进行比赛。

（2）参照《全国排舞比赛评分规则（2010 年修订版）》评分。

（3）音乐。

①规定曲目音乐光盘由大会组委会准备，自选曲目音乐光盘由参赛者自备。

②自选曲目表演音乐由参赛者自备两份，载体必须是高质量的 CD，光盘里只有参赛表演音乐，其中 1 份报到时交大会放音组。

③光盘盘面必须标明单位、比赛项目和出场顺序。

④填写《报名表》时，必须将串烧曲目中每首排舞的名称按照顺序列出。

（4）成套动作时间。

①成套动作的时间是以音乐响起和结束为计时标准。

②规定单首曲目是指以单曲排舞音乐为伴奏，按照规定进行编排的成套动作，其时间长度为所选音乐本身长度（不包括上下场时间）。

③自选串烧曲目（又称串烧排舞）是指在指定的排舞曲目范围内，任选三首排舞并按照规则进行排舞的成套动作，其时间长度（包括上下场时间）不得超过 6 分钟。

（5）上场与退场。

①可以选择动态入场开始，也可以选择立定造型开始。

②在遵守单首排舞和串烧排舞的规则条款下，可以分批上场，但是必须集体退场。

③参赛队员上场后至结束前不得中途上、下场。

④退场必须包括向裁判席及观众行礼致意环节。

⑤串烧排舞退场时间包括在6分钟之内,音乐停,退场完毕。

⑥串烧排舞音乐停止才开始退场者按超时计算。

(三)建立竞赛组织机构

在开展相应的排舞竞赛时,应根据竞赛的大小来建立相应的组织机构。对于一些小规模的竞赛,可以只设立一个竞赛管理部门统筹各方面的管理。对于一些规模相对较大的竞赛,则应建立多个组织机构。首先应设立组织委员会,这是竞赛的最高领导机构,其下设立相应的机构和部门。不同的部门应负责其相关事宜,共同促进比赛活动的开展。各部门的职责介绍如下。

(1)新闻处:广告、宣传报道、标语牌、横幅。

(2)后勤处:医务、交通等。

(3)竞赛处:场地、设备、编排秩序册、组织抽签和排序等。

(4)裁判委员会:裁判员、检录员、记录员、视线员、播音员和放音员。

(四)领队和教练员会议

领队和教练员会议是竞赛中一项重要内容,是参赛队与大会及裁判员沟通的主要途径之一,双方都应重视。一般由组委会主持,各处负责人及裁判长参加。主要内容包括以下几方面。

(1)介绍比赛的准备情况。

(2)宣布大会竞赛日程及有关规定。

(3)解答和解决参赛队提出的有关问题。

(4)抽签排定比赛出场顺序。如果时间允许,采取公开抽签的办法由各队自己抽签比较好。时间不允许,可提前进行抽签。但必须要有组委会或有关负责人在场监督执行,由指定人员代理抽签。这项工作应在领队、教练员会议上专门交代,以免引起误解。

(五)比赛进行

1.开幕式

运动员入场,领导和嘉宾讲话等。

2.比赛进行

(1)赛前检录:一般赛前20分钟按出场顺序第一次检录,赛前5分钟第二次检录。

(2)运动员外场准备,由播音员向观众介绍裁判委员会和裁判员。

(3)运动员由播音员宣告后上场,向裁判员示意,做好准备姿势,由放音员播放音乐。

(4)运动员在音乐伴奏下完成整个曲目。

(5)裁判员进行评分,播音员宣布得分。

(6)记录员记录每名裁判员的分数和运动员的最后得分。

(7)赛后,记录员经裁判长确认无误后,交总记录处存根。

(8)成绩由总记录处统计后得出比赛名次。

3.闭幕式及发奖

宣布比赛成绩,领导颁发相应的奖项,致闭幕词。

第九章 其他体育艺术类项目开展与技能分析

除健美操、体育舞蹈、啦啦操等项目外,街舞、瑜伽、艺术体操也是非常重要的体育艺术类项目,参与这些项目的锻炼活动,能够发展柔韧、协调、灵巧等身体素质,锻炼健美的体态,培养节奏感,提高音乐素养和表现力。鉴于这些项目的作用与价值,我们应大力开展这类项目,学习基本技能,从而不断完善自己。本章主要就街舞、瑜伽和艺术体操这三个项目的开展与基本技能进行分析,以科学指导人们参与这类项目的锻炼。

第一节 街舞

一、街舞运动开展研究

(一)街舞运动的历史发展

美国是街舞运动的起源地,起源时间为 20 世纪 60 年代,最初是居住在纽约布鲁克林区的美国黑人和墨西哥人喜欢跳街舞。后来街舞因为崇尚自由、放松而深受年轻人的喜爱,并在欧美地区迅速流传开来。

街舞运动最早传入我国是在 20 世纪 90 年代中后期。1998年,中央电视台体育频道"健美 5 分钟"节目介绍了街舞,为街舞在我国的宣传与普及起到了积极的作用。随后,在各新闻媒体及不同层面赛事的大力宣传下,街舞在我国广泛流行起来,如中国(郑州)国际街舞大赛的举办有力推动了我国街舞运动的发展,这是我国唯一一项由中国舞蹈家协会指导的项目最全、规格最高、规模最大、覆盖最广的专业国际性街舞赛事,迄今为止已经举办了4届,2017年8月份将在河南省体育馆举办第5届。

目前,我国大众街舞及学校街舞都得到了蓬勃的发展,不管是学生还是健身爱好者,普遍喜欢将街舞作为自己锻炼身体和放松愉悦的方式。

(二)街舞运动开展的现状与对策

1.街舞运动在我国的开展现状

从街舞运动流传到我国,到现在已经有20年左右的历史了,在这些年,我国街舞运动得到了快速的发展,街舞受众和教员不断增加,街舞表演和赛事活动频繁举办,人们对待街舞者的观念也有了很大的转变。而且作为一项时尚健身活动,街舞成功地进入了健身房、健身会所、高校社团等场所。但是,在我国街舞运动高速发展的背后,还存在着一些弊端和问题,主要体现在以下几方面。

(1)街舞运动在我国各地发展程度不平衡,总体来说,东部地区发展良好,中西部发展欠缺,这主要是受经济、文化、交通等因素影响的结果。

(2)随着街舞运动的不断发展,我国的街舞俱乐部越来越多,但街舞教练却明显不足,难以满足俱乐部成员的需求。

(3)因为我国引入街舞运动的时间还比较短,所以教练员的水平也整体比较低,很多教练都没有经过系统的培训就上岗了,因为缺乏一定的专业基础与教学经验,所以在指导过程中出现了很多问题。

(4)我国街舞爱好者参加街舞比赛和演出等实践锻炼的机会

不是很多。

2.我国街舞运动的发展对策

（1）促进街舞规则体制的不断完善

虽然我国街舞运动已经经历了 20 年左右的发展历史，但其竞赛体制和评判准则却一直不够完善。街舞风格多样，比较随性，所以要对其竞赛体制和评判准则进行统一是比较难的，这就给街舞竞赛的组织和运作带来了一定的麻烦。当下，迫切需要有关部门对统一的街舞竞赛体制和评判准则进行制定。

（2）提高教练员队伍的素质

我国街舞运动的发展走向和发展速度与街舞教员有直接的关系。教练的能力和素质直接影响着街舞运动的开展水平。但是，当前我国街舞教练员中，有过专业培训经历或持有从业资格证书的很少，这反映出我国街舞教练的能力和素质有限，且良莠不齐，因此需加强对街舞教练的培训，严格规范街舞行业，规定无证人员不得上岗，从而促进街舞教练队伍整体素质的优化。

（3）在经济发展规律下走商业化发展道路

街舞运动具有突出的商业价值。而任何一种经济形态都需要经历从个体向整体、从零散向集约、从局部效益到规模效益的过程才能长久地生存与发展。在经济全球化的今天，我国需通过经济手段，借助市场机制来促进这项文化事业的发展，从而全面实现街舞运动的商业价值。具体可通过办街舞培训班、建立健身俱乐部、开展街舞竞赛等途径来推动街舞运动的商业化发展。

二、街舞基本动作技能分析

（一）手臂动作

街舞运动的手臂动作复杂多样，以对称性为依据可以分为对称动作、不对称动作两种类型，以出手的数量为依据可以分为单手动作、双手动作,举起、摆动、弹动、传导等是手臂动作的基本形式。在手臂的移动过程中,要和身体的弹动充分配合,协调统一地完成各个动作,这样才显得有动感。

(二)基本步法

1.移动步法

在街舞运动中,移动步法是最基本的动作。移动步法首先要做到移动中身体的弹动,膝盖的弹动和蹬地产生的反作用力是这一动作的关键之处。以向前走步为例,首先是身体借助蹬地的反作用力前移,落地后膝盖弹动并带动身体弹动,身体弹动时会给地面施加一定的蹬力,而地面又会产生反作用力,这个力量会使身体前移。这时,街舞移动看起来就很有弹性。

2.基本舞步

(1)踏步
屈右膝,抬右脚,收腹并向下压。
(2)开合步
双腿向外跳,成分腿屈膝姿势,然后向内跳成合腿姿势。
(3)波浪
从下到上的波浪是膝、髋、躯干、胸部依次波浪。
(4)侧向踏步
屈右膝,抬右脚,收腹并向下压,右腿向右侧落下,同时挺身展腹。
(5)交叉步
右腿朝右方向踏一步,左腿向右腿后侧踏步;右腿继续朝右侧踏一步,左膝提起,同时上体向前压,然后并步落地。换腿朝相反的方向重复练习。

(三)配合动作

街舞的很多动作都需要身体各关节部位配合完成,如手和腿的配合、手和头的配合、躯干和腿的配合等。这就要求舞者在跳街舞的过程中,将身体各个部位的运动协调控制好。

需要注意的是,街舞中一些同样的配合动作可能会有不同的力度和侧重点,这样也就会产生不同的效果。例如,有的动作需要体现上肢的爆发力,所以要加强手臂肌肉的力量;而有的动作需要体现腿部力量,所以必须重点对腿部肌肉进行控制,增强腿部力量。

三、街舞组合动作技能分析

(一)街舞初级组合动作

1.第一个八拍(图 9-1)

(1)步伐

1~4 拍右脚向前走 4 步,5 拍右肩向上顶,6 拍左肩向上顶,7~8 拍按照右、左、右的顺序依次向上顶肩。

(2)手臂

1~4 拍前后摆手臂,5~8 拍手臂弯曲并外展。

(3)手型

1~4 拍将双手放松打开,5~8 拍双手成半握拳姿势。

(4)面向

1 点。

图 9-1

2. 第二个八拍（图 9-2）

（1）步伐

1～2 拍左脚前点地，3～4 拍右脚前点地，5～6 拍左右腿依次侧开，7～8 拍双膝外展，内收外展。

（2）手臂

1 拍向前伸双臂，2～6 拍双臂落下，7～8 拍双臂肘部弯曲外展，内收外展。

（3）手型

半握拳。

（4）面向

1 点。

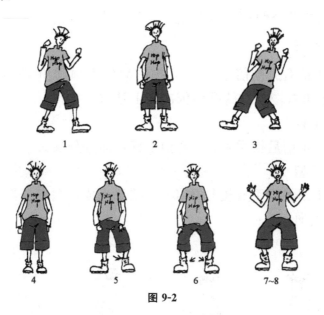

图 9-2

3. 第三个八拍（图 9-3）

（1）步伐

1～2 拍右腿依次左踢、右踢，3～4 拍向后恰、恰、恰，5～6 拍的动作与 1～4 拍相同，但方向相反。

（2）手臂

1 拍左臂向左下,2 拍向右上方伸展右臂,3～4 拍手臂自然落于体侧,5～8 拍的动作与 1～4 拍相同,但方向相反。

（3）手型

半握拳。

（4）面向

1～2 拍、5～6 拍 1 点,3～4 拍 2 点,7～8 拍 8 点。

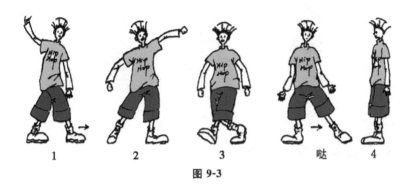

1　　　　2　　　　3　　　哒　　4

图 9-3

4. 第四个八拍（图 9-4）

（1）步伐

1～2 拍吸右腿,3～4 拍吸左腿,5～6 拍吸右腿两次,7 拍左腿向前,7"哒"向右侧伸右腿,8 拍左脚收回并腿。

（2）手臂

1 拍左臂弯曲,3 拍两臂下压,2、4 拍两臂自然落在身体两侧,5～6 拍屈前臂手掌向上,7～8 拍手臂向后伸。

（3）手型

分开五指。

（4）面向

1～6 拍 1 点,7～8 拍 8 点。

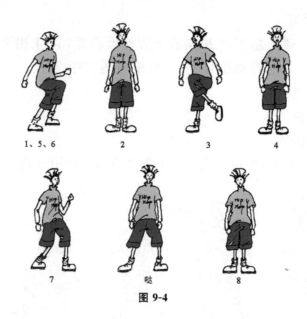

1、5、6 　　2　　3　　4

7　　哒　　8

图 9-4

(二)街舞中级组合动作

1.第一个八拍(图 9-5)

(1)步伐

1拍"大"分腿,2~4拍分腿且左右膝弯曲,5拍直腿,右腿上抬,6拍左腿上抬,7~8拍双腿分开,膝部弯曲并向前方跳。

(2)手臂

1拍右臂拍右大腿,左臂自然落下,2~4拍双臂弯曲置于大腿上,5~6拍左、右臂伸直并依次向后绕动,7~8拍双臂自然下垂。

(3)手型

分开五指。

(4)躯干

3~4拍身体波浪扭动。

(5)面向

1点。

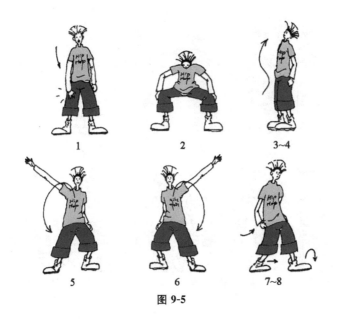

图 9-5

2.第二个八拍(图 9-6)

(1)步伐

1~2 拍内收右踝两次,3~4 拍放、抬、放左膝,5 拍上右腿,6 拍"哒"左膝外展内收,7~8 拍膝盖弯曲弹动。

(2)手臂

1~2 拍双臂自然落下,3~4 拍屈臂伸、屈、伸,5~6 拍双臂自然落下,7~8 拍双臂放在头部后面。

(3)手型

分开五指。

(4)面向

1~5 拍 1 点,6 拍 8 点,7~8 拍 5 点。

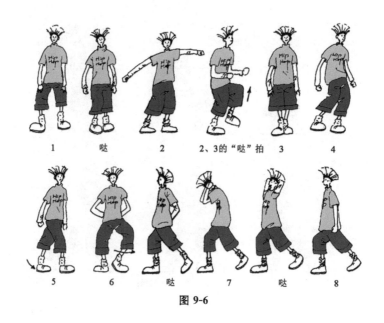

1　　哒　　　2　　2、3的"哒"拍　3　　　4

5　　　6　　　哒　　　7　　哒　　　8

图 9-6

3.第三个八拍(图 9-7)

(1)步伐

1 拍右腿右移一步,2 拍右腿收回,3～4 拍身体 90°左转做与 1～2 拍相同的动作,5 拍上左腿,6 拍上右腿,7 拍跳步双腿后撤, 8 拍左右腿分开向左转体。

(2)手臂

1、3 拍两臂在体前屈肘下压,2、4 拍自然放在身体两侧,5 拍双臂自然摆动,6 拍向前伸双臂,7 拍往后伸双臂,8 拍双臂弯曲。

(3)手型

分开五指。

(4)面向

1 拍 7 点,2 拍 5 点,3～7 拍 3 点,8 拍 7 点。

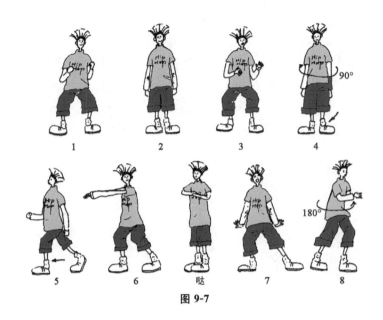

图 9-7

4.第四个八拍(图 9-8)

(1)步伐

1~2 拍侧恰、恰步,3~4 拍收右腿并左腿,5~6 拍并腿同时髋部左转,7 拍做右弓步姿势,8 拍做左弓步姿势。

(2)手臂

1 拍右前臂绕环,2 拍右肩绕环,3 拍双臂在体前弯曲,4 拍手臂弯曲并后提,5~6 拍屈臂,7 拍右臂向右前方伸展,8 拍左臂向左前方伸展。

(3)手型

分开五指。

(4)面向

1~4 拍 8 点,5~6 拍 5 点,7 拍 6 点,8 拍 4 点。

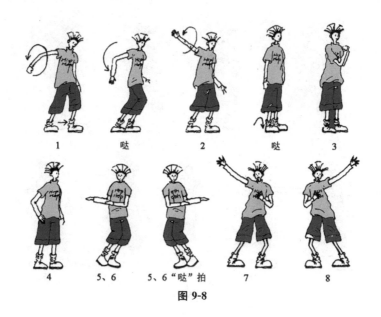

1 哒 2 哒 3

4 5、6 5、6"哒"拍 7 8

图 9-8

(三)街舞高级组合动作

1.第一个八拍(图 9-9)

(1)步伐

1~2 拍左右上两步,"哒"左腿后屈膝,第 3 拍伸左腿,"哒"吸压腿,第 4 拍伸左腿,5~6 拍左腿前迈并步,7~8 拍从下向上波浪。

(2)手臂

1~2 拍手臂前后屈,3~4 拍自然落在身体两侧,第 5 拍向后伸双臂,6~8 拍自然落在身体两侧。

(3)手型

分开五指。

(4)面向

1~3 拍 1 点,4~8 拍 8 点。

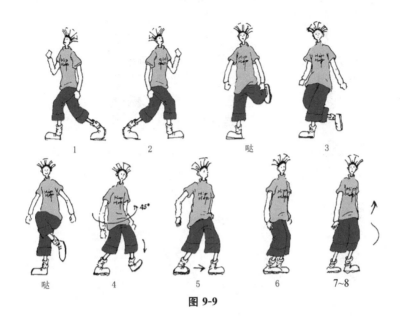

图 9-9

2. 第二个八拍 (图 9-10)

(1) 步伐

1 拍向前伸左腿,并屈膝下蹲,2 拍并腿,3~4 拍双膝外展,5~6 拍吸右腿成前弓步姿势,7 拍左膝在侧后方弯曲,"哒"伸展左腿,8 拍收左腿。

(2) 手臂

1 拍双手下压,2 拍双手放在头部后面,3 拍打开右臂,4 拍打开左臂,5 拍右手扶在右大腿处,"哒"左手扶在右大腿处,6 拍向身体右侧伸右臂,7 拍右手摸左脚,"哒"右臂侧伸,8 拍双臂弯曲。

(3) 手型

分开五指。

(4) 面向

1 点。

图 9-10

3.第三个八拍(图 9-11)

(1)步伐

1~2 拍左腿屈伸,3~4 拍左腿后撤恰、恰、恰,5~6 拍屈膝上步,7~8 拍吸腿后撤步。

(2)手臂

在身体两侧前后自然摆动。

(3)手型

分开五指。

(4)面向

1~2、8 拍 1 点,3~7 拍 8 点。

1　　　　2　　　　3　　　哒　　　4

5　　　哒　　　6　　　7　　　哒　　　8

图 9-11

4.第四个八拍(图 9-12)

(1)步伐

1~2 拍并步,3~4 拍双腿分开并弯曲,5~7 拍膝盖弯曲弹动,8 拍吸右腿。

(2)手臂

1~2 拍左右臂依次侧伸,3~4 拍双手依次拍右大腿和左大腿,5 拍双臂向右摆动,6 拍双臂向左摆动,7~8 拍屈臂向左绕动。

(3)手型

1~2 拍握拳,3~4 拍分开五指,5~6 拍握拳,7~8 拍分开五指。

(4)面向

1点。

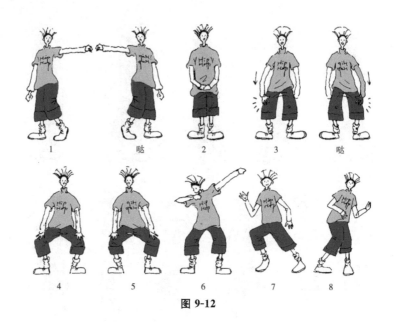

图 9-12

第二节　瑜伽

一、瑜伽运动开展研究

(一)瑜伽运动的历史发展

瑜伽起源于公元前 3000 年以前的印度河文明时期。历史上,瑜伽的出现、发展与印度的生活方式与哲学有非常紧密的关系。但瑜伽不是宗教,而是生活哲学,身体和精神达到完美平衡状态,个体和宇宙完全和谐是瑜伽所要达到的目的。

19 世纪 60 年代,印度圣人维夫卡南达在美国芝加哥的一次博览会上展示了各种瑜伽姿势,这是西方人第一次看到如此丰富的瑜伽姿势,因而对此十分感兴趣。在此后的若干年里,许多信徒从印度到西方传播瑜伽运动。

瑜伽最早传入我国是在公元 4 世纪前后,这主要与佛教的传播有关,"瑜伽"一词在唐代就已经出现。现代中国人最早认识瑜伽要归功于 1985 年中央电视台连播的张蕙兰瑜伽术教学片。

在 21 世纪,我国已经丢弃了印度古典瑜伽中那些深层次的宗教哲学理念,而主要取其修心健身功能的一面,这也就使得瑜伽成为当前人们塑形美体、愉悦身心、调节情绪与心境的一种健康运动方式。

(二)瑜伽运动开展的现状与对策

1.瑜伽运动在我国的开展现状

20 世纪 90 年代中后期开始,印度瑜伽慢慢试水我国健身领域。此后,瑜伽运动在我国持续传播、普及,近几年发展速度尤其快。目前,我们几乎随处都可以看到有关瑜伽运动的资讯,如瑜伽培训、瑜伽网站、瑜伽刊物、瑜伽广告、瑜伽产品等,而且这些资讯迎合了现代人的心理,以致我国瑜伽受众不断增加,瑜伽"产业"规模逐渐扩大,呈现出一派繁荣的景象。

我国大多数人参与瑜伽运动,主要是以健身、塑形美体和培养气质为目的的,但随着瑜伽运动在我国的不断发展,也出现了一些问题与弊端,如市场秩序混乱、缺乏管理;利益至上、价格随意上涨;教学简单、浅尝辄止等。这些问题严重制约了我国瑜伽运动的持续健康发展。

2.我国瑜伽运动的发展对策

(1)促进瑜伽运动的规范化发展

市场管理杂乱无序是当前制约我国瑜伽运动发展的一大因素,对此,我国应对专门的瑜伽协会进行组建,制定相关的规章制度,对市场秩序进行规范,对瑜伽的持续稳定发展进行宏观管理。

(2)科学设置瑜伽课程,加强教学管理

瑜伽中心要树立正确的经营与管理理念,在对瑜伽课程进行设置时,要先对场馆设施进行完善,特别要保持环境的安静与卫生。瑜伽培训中心应合理而周到地开设课程,不能因过分追求经济利益而忽视课程质量。具体在开设课程的过程中需了解不同受众的特点与需求,然后分级分班开设相应课程,并对上课人数进行限定,每次课可安排主教和助教协同配合教学,这样就能够更加全面地指导学员。课程内容要定期更换,要更好地为每个学员提供优质的服务。

(3)积极培训师资,提高专业人员的素质

在瑜伽推广与发展的过程中,瑜伽教师发挥着非常重要的作用。教师只有具备较高的专业素质,才能更好地向学员传授瑜伽的精髓、作用和目的。瑜伽教师不仅要具备一般项目所要求的基本素质和职业道德,还要对瑜伽专业知识进行掌握,并能够深刻领悟瑜伽的内涵,只有这样,瑜伽教师才能在瑜伽领域立足,才能不断完善自己,更好地向大众服务。

二、瑜伽基本坐姿分析

(一)简易坐

坐在垫子上,左腿与右腿小腿弯曲,右脚在左大腿下,左脚在右大腿下。双手在身体两侧放在膝盖上,头、颈和躯干在一条直线上(图 9-13)。

图 9-13

（二）半莲花坐

坐在垫子上，左小腿和右小腿分别弯曲，右脚底顶在左小腿内侧，左脚在右大腿上。头、颈和躯干在一条直线上（图9-14）。

图 9-14

（三）莲花坐

坐在垫子上，左脚放在右大腿上，脚底朝上。右脚放在左大腿上，脚底朝上。伸直脊柱，两膝与地上紧贴（图9-15）。

图 9-15

（四）至善坐

坐在垫子上，左小腿弯曲，左脚跟顶会阴，脚底与右大腿紧贴。右小腿弯曲，右脚在左脚踝上，脚跟与耻骨相靠，脚底在左大腿与左小腿间。挺直腰背（图9-16）。

图 9-16

（五）雷电坐

跪在垫子上，双脚靠拢，大脚趾交叉，脚跟向外指，直腰挺背，臀部在两脚内侧（图 9-17）。

图 9-17

三、瑜伽基本体式分析

（一）树式

自然站立，双手于胸前合掌。左脚放在右大腿内侧；膝盖外展，保持平衡；双手举起，在头顶上方合掌。收腹挺腰，保持平衡，持续 30～60 秒，慢慢还原（图 9-18）。

两侧交替进行，重复练习 3 次。

图 9-18

（二）船式

仰卧，抬上身、双脚与两臂，保持平衡。双脚以 45°角撑展蹬直，躯干与双脚成"V"形状。双手伸向前方，挺直腰背，双脚紧紧并拢。持续 5 秒钟后慢慢还原(图 9-19)。

图 9-19

(三)直角式

自然站立,双脚并拢,十指相交高举到头顶上方。上体向前弯,背部和双腿成直角,持续 6~12 秒钟。慢慢恢复直立姿势(图 9-20)。

重复练习 12 次左右。

图 9-20

(四)叩首式

在垫子上跪坐,臀部置于脚跟上,双手放在两大腿上,伸直脊柱。两手滑动,将腿肚抓住。呼气,前屈上身直至前额触地。抬臀,直至头顶着地,两腿与地面垂直。持续 10~15 秒钟。慢慢恢复跪姿(图 9-21)。

重复练习 10 次。

图 9-21

（五）花环式

蹲在地毯上，慢慢抬臀，两臂平行向前方伸出。双脚并拢，向左右两侧分开两腿，上体前倾。双手抓在两脚踝后面，头垂下放在地上。持续20秒。慢慢还原（图9-22）。

图 9-22

（六）腿旋转式

直腿仰卧，两臂自然放在身体两侧，抬右腿，直膝，沿顺时针方向旋转，重复8～10次，逆时针再做8～10次。左腿做相同的练习。休息几秒钟，双腿抬起同时旋转，顺时针、逆时针各8～10次。慢慢还原并休息（图9-23）。

图 9-23

（七）蝴蝶式

坐在地毯上，脚底合拢，双手相合将脚趾尖抱住。两脚脚跟尽可能向两腿分叉处移动。向前倾上体，双肘推双膝，直至双膝触地。保持30～60秒（图9-24）。

图 9-24

(八)蛇扭动式

俯卧,伸臂抬起身体,直至完全伸直双臂,右转头,双眼注视左脚跟。持续几秒钟,左转头,目视右脚跟,持续几秒钟后逐渐还原(图 9-25)。

图 9-25

第三节　艺术体操

一、艺术体操开展研究

(一)艺术体操的历史发展

19 世纪末 20 世纪初,艺术体操在欧洲最早开始出现,到现在,艺术体操已经有一百多年的发展历史了。当时欧洲教育改革与女性体育运动的发展对艺术体操的产生有很大的影响。在艺术体操的初步发展阶段,欧洲一些教育家、体操家、舞蹈家、音乐家等做出了很大的贡献。

艺术体操最早传入亚洲是在20世纪50年代，之后渐渐在全世界流行开来。1962年，艺术体操正式成为独立的女子竞技项目。第1届世界艺术体操锦标赛于1963年举办，地点在匈牙利布达佩斯，从1982年开始，艺术体操世界杯赛每两年举行一次。艺术体操正式成为奥运会竞赛项目始于1984年。在2016年里约奥运会中，艺术体操个人全能冠军和团体全能冠军分别由俄罗斯选手马蒙和俄罗斯艺术体操队获得。

艺术体操在我国的发展历史具体可分为以下三个时期。

(1)新中国成立之前是第一时期，这是艺术体操在我国的传播发展时期。19世纪中叶，随着外来文化的传播，一些外国民间舞蹈和轻器械体操也逐渐在我国开始出现。

(2)1949—1977年是第二时期，这是我国艺术体操的初步发展阶段。20世纪50年代，我国从苏联引进艺术体操基本技术。1959年我国举办了全国艺术体操训练班。但后来因为这种团体项目比赛在国际上被取消，我国又从国际体联退出，所以鲜少了解国际上的艺术体操活动。此外，加上"十年动乱"的影响，艺术体操在我国的发展中断了。

(3)1978年至今是第三时期，这是我国艺术体操的复苏和蓬勃发展阶段。我国在国际体联的合法地位于1978年得到了恢复，我国后来逐渐邀请了一些国外的艺术体操队（朝鲜、加拿大、西班牙等）来华访问表演，并邀请了外国专家来我国进行艺术体操讲学。目前，艺术体操的内容广泛出现在了高等院校、中小学的体育教材中。

随着我国艺术体操运动的不断发展，我国艺术体操队在世界艺术体操大赛中逐渐取得了优异的成绩。例如，在2014年艺术体操世界杯匈牙利站比赛中，我国在团体单项决赛中获得了一枚金牌和一枚银牌的好成绩。这也是我国艺术体操队在世界杯赛场上第一次夺得金牌。

(二)艺术体操运动开展的现状与对策

1.我国艺术体操的发展现状

近些年,中国艺术体操队在世界大赛中取得的成绩越来越瞩目,而且集体项目是我国的优势项目。此外,技术价值方面的优势、艺术体操教练员年轻化的趋势等也是我国艺术体操发展中具备的优势。但不可否认的是,现阶段我国艺术体操的发展水平与世界一流水平还有很大的差距,而且还存在着一些很突出的问题,具体表现在以下几方面。

(1)运动员身体素质发展不全面,对动作的完成质量造成了限制

随着艺术体操规则的不断改革与更新,成套动作的难度越来越大。如果运动员不具备全面的身体素质和专项素质,就难以高质量地完成难度动作。

运动员的综合素质从其完成难度动作的质量上就能够体现出来,所以,全面提高运动员身体素质(力量、平衡、柔韧、速度等)是促进运动员体操技术水平不断增强的基础与前提。其中,最为重要的素质之一是柔韧素质,它对动作幅度的增大、难度的提高有直接的影响。

在高水平艺术体操比赛中,动作规格的完成质量、编排因素等都是对比赛成绩具有巨大影响的重要因素,也是对运动员技术水平进行衡量的关键指标。但我国大部分艺术体操运动员在技术完成质量上远不及国外优秀选手,特别是高难度动作的完成质量更是显示出了很大的差距。虽然近些年来我国艺术体操运动员在难度选择上开始不断接近世界优秀选手,但因为身体素质发展不全面,综合素质水平较低,所以出现了高难度堆积,成套动作难度类型选择单一、不均衡,完成身体动作时稳定性差等问题。这些问题严重影响了最终的成绩,也影响了我国艺术体操的进一步发展。

（2）艺术体操运动员缺乏表现力

艺术体操艺术性很强，因此在表演或比赛中，运动员不仅要能够准确完成动作，而且还要融入自己的情感，表现出一定的美感。但目前来看，我国艺术体操运动员在表演或比赛中严重缺乏表现力，在完成动作的过程中很难将成套动作的灵魂、音乐的内涵等表现出来，因此动作编排的预定效果没有得到充分的实现，这也是我国艺术体操运动员在完成分上低于国外优秀选手的一个主要原因。

（3）动作编排创新不足

一般来说，构思新颖、巧妙的成套动作往往能够从整体上获得良好的效果，能够将运动员的特点和风格突显出来，同时也能够真正地融合动作与乐曲，在音乐的烘托中使人体运动的艺术得到充分展示，而且这也是运动员取得好成绩的必要条件。所以说，动作编排是取得好成绩的前提。然而，当前我国艺术体操的技术价值虽然有了一定程度的提高，但编排分的档次却一直在中下水平，长久都没有取得明显的突破，这对艺术体操个人项目的发展造成了严重的影响。我国艺术体操在动作编排方面存在着缺乏主题，特点和内在表现力不明显，片面追求舞蹈化、戏剧化等问题。这都是阻碍我国艺术体操发展的制约因素。

2.我国艺术体操的发展对策

（1）加强艺术体操训练的科学化与完整化

随着艺术体操规则的不断演变，我们必须重新认识艺术体操的本质特征与训练规律，并以此为基础对充分结合科学与训练的技术操作平台进行构建，具体从以下几方面着手进行。

第一，加强身体素质的全面训练，促进运动员身体的综合发展。

第二，提高艺术体操运动员难度动作的完成水平与质量。

第三，促进艺术体操运动员表现力水平的提高。

(2)建设一批高质量的教练队伍

我国运动员难以高质量地完成难度动作、在比赛中成绩不理想等很大程度上与教练员有直接的关系,所以,对数量充足、素质优良、综合竞争能力强的教练员队伍进行培养是当前推动我国艺术体操发展的一个关键对策。在培养教练员队伍的过程中,必须坚持"内扶外引"的科学原则,"内扶"指的是对现有的教练员进行有计划的培训,具体分上岗培训和后续再培训两种情况。"外引"指的是短期或长期将国外艺术体操专家引进我国,借助专家的力量对训练中急需解决的问题进行解决,从而促进教练员编排能力和执训水平的提高。

(3)在动作编排上不断创新

在艺术体操的发展与创新中,需要重点考虑的一个关键因素就是规则,新时期、新阶段艺术体操的发展方向和趋势能够在新规则中反映出来。随着动作难度级别的不断增加,教练员必须进行合理的编排,而且必须有一定的创新,这就要求教练员在总体构思、创造新技术动作时,对新的评分规则进行仔细的分析,并在此基础上预测未来比赛中可能出现的体操新技术,从而创造出新颖的体操动作,与世界艺术体操的发展趋向保持一致。

在动作编排的创新中,难度动作的创新最为关键,所以教练员要在成套动作中合理布局难度动作与惊险动作,并衔接好各个环节的动作,加强成套动作的连贯性与一致性,同时也要避免成套动作中难度类型选择单一、不均衡等问题的出现。

二、艺术体操徒手基本技能分析

(一)基本手型

1. 兰花掌

伸直大拇指外的其余四指,并稍微分开,中指用力下压,拇指靠近中指,大约保持一指的空隙,注意不要紧贴中指,微微伸开食指并上翘。

2.芭蕾舞掌形

自然弯曲五指,轻轻靠拢拇指外的其余四指,食指、中指相错,拇指靠近中指,从手腕到指尖整体上呈现出圆滑的弧形状。

(二)基本步法

1.柔软步

走步时向前伸摆动腿的膝盖,绷直脚面,从脚尖着地柔软地过渡到整个脚掌着地。随着全掌着地,向前移动身体重心。走时躯干、头处于正直状态,手臂自然弯曲并向前后方向摆动。

2.足尖步

双脚脚跟提起,出脚与柔软步相同,但要用前脚掌着地。要控制步幅,不宜过大,上体保持正直状态,身体重心向上并保持平衡。

3.滚动步

向前伸左腿,前移身体重心,从前脚掌落地慢慢过渡到整个脚掌,同时向前抬左膝,绷直脚面,脚尖朝下触地。接着继续前移身体重心,左脚从前脚掌着地慢慢过渡到全脚掌,同时向前抬右膝,脚尖朝下触地。换腿重复练习。

在滚动步练习中,运动员要立腰收腹,身体保持正直状态。双腿交替要连贯柔和,膝和头抬起正对前方。

4.弹簧步

弹簧步是艺术体操中单脚立踵舞姿和跳步的基础动作,普通弹簧步的动作方法为,左脚向前做柔软步,落地时左膝稍屈,此时由左脚支撑体重。充分伸直左腿立踵,同时右腿前下举,绷直膝盖与脚面。换脚按照同样的方法练习。

5.卡洛泼步

艺术体操中,连接两个动作时一般都会用到卡洛泼步。按照不同的方向,可以将这一步法分为前、侧、后三种类型。以向前卡洛泼步为例,两臂从身体两侧举起,上半拍左脚向前上步,同时膝盖稍屈,向前移动重心;下半拍左脚蹬地起跳,同时右腿并向左腿。落地后左脚前点地,右脚整个脚掌着地。

6.变换步

在艺术体操中,作为一种常用舞步,变换步舒展优美,而且有很多动作变式。

普通变换步的动作方法为,两臂从身体两侧举起。上半拍左脚向前做柔软步,两臂自然下落在身体两侧,下半拍右脚并向左脚成自然站立姿势。左脚再向前做柔软步,向前移重心,同时右脚后点地,右臂向前举起,左臂向左侧举起。

7.波尔卡步

波尔卡步轻松、欢快,在艺术体操中是常用舞步,动作方法如下。

保持自然站立姿势,双手叉在腰间。右脚小跳,同时左腿前下举。左脚前落地,右脚向左脚靠拢。左脚再向前移动一步,左腿小跳,同时右腿前下举。

8.华尔兹步

华尔兹步轻盈优美,有很多动作变式,而且规定必须用三拍完成,根据不同的方位,华尔兹步有不同的做法,以向前华尔兹步为例来分析。

左脚向前做柔软步,落地时膝盖稍微弯曲,同时向前移动重心。右脚向前做足尖步。左脚向前做足尖步。然后换脚重复做。

(三)波浪动作

"波浪"动作包括身体波浪和手臂波浪,波浪动作能够将艺术体操柔动连绵的特点充分体现出来。

1.身体波浪

(1)躯干波浪

保持自然站立的姿势,两手置于身后,从腰骶部开始依次经过胸、颈各脊柱关节向前挺伸,上体慢慢向前弯曲直到 90°角为止,这时背部呈现的是凹形状;接着各关节从腰开始,经胸、颈依次弯曲。动作过程中运动员要低头含胸。

(2)全身波浪

全身各关节依次屈伸的动作就是全身波浪。

①身体向前波浪

双脚并拢并向下半蹲,稍微向前屈上体,低头含胸,向上举起双臂。踝、膝、髋、腰、胸、颈各关节依次伸向前上方,同时两臂经下向后绕至上举,保持挺胸抬头、脚后跟提起的站姿。

②身体向后波浪

脚后跟提起,挺身而立,向上举起双臂。依次前屈膝、髋、腰、胸、颈各关节,含胸低头,背部成弓形状,同时两臂从后下方绕到前举的姿势。

③身体侧波浪

身体侧波浪分左侧波浪和右侧波浪,以左侧波浪为例。左脚侧点地,向右上方举起两臂,身体稍左屈。稍屈右腿,两腿半蹲,身体重心左移,同时依次向左上方挺伸膝、髋、腰、胸、颈关节,然后右脚侧点地,稍右屈上体,同时两臂经下摆向左上方举起。

右侧波浪动作与左侧波浪动作相同,方向相反。

2.手臂波浪

肘、腕自然弯曲,做自肩经肘、腕到掌指的依次伸直动作。运动员应圆滑连贯地完成该动作。初学者可先进行单臂波浪练习，待达到一定的熟练程度后再进行双臂练习。

(四)转体动作

艺术体操中,转体类动作往往是表现灵巧的主要动作。转体动作主要有以下两种情况。

1.双脚转体180°

保持自然站立姿势,左脚前迈一小步,双脚脚后跟抬起,同时身体右转180°,两臂向上举起。

2.双脚转体360°

保持自然站立姿势,右脚向左脚左侧交叉一步,双脚脚后跟抬起,同时身体360°左转,两臂向上举起。

(五)跳跃动作

跳跃动作轻盈高飘,是艺术体操中对技巧要求较高的动作,具体有以下几种动作形式。

1.原地单脚小跳

自然站立,左脚蹬地起跳,然后落地,右膝稍屈并向前举起。

2.踏跳步

左脚上步屈膝起跳,向后举起右腿,同时左臂从左侧举起,右臂向前方举起。

3.吸腿跳

左脚上步屈膝起跳,屈右膝并向前举,同时左臂举向前上方,右臂后下举,上体右转,眼睛注视右前方。

4.跨跳

先助跑 2～3 步,左脚往前一步蹬地起跳,同时右腿伸直朝前上方摆动跨出,随即向后摆左腿,两腿在空中绷直,且一前一后分开。

参考文献

[1]杜凯.成都市普通高校体育艺术类项目开展状况比较研究[D].四川师范大学,2014.

[2]黄丹丹.福建省高校体育艺术类项目开展现状分析与发展对策研究[D].集美大学,2011.

[3]邱建钢.普通高校体育艺术类课程体系构建与实施[D].西南交通大学,2009.

[4]季华.湖北省高校体育艺术类课程教学现状研究[D].华中师范大学,2007.

[5]陈丽霞,胡效芳.体育艺术类项目教程[M].西安:陕西师范大学出版社,2016.

[6]张金明.形体训练在长春市独立院校健美操教学中开展现状及对策研究[D].吉林体育学院,2012.

[7]高岚.湖北省部分普通高校开设形体训练课的研究[D].武汉体育学院,2006.

[8]伍新蕾.服务礼仪与形体训练[M].沈阳:东北财经大学出版社,2016.

[9]王红.形体训练[M].北京:高等教育出版社,2016.

[10]朱晓龙,李立群.健美操[M].杭州:浙江大学出版社,2015.

[11]方熙嫦.健美操[M].福州:福建科学技术出版社,2015.

[12]易学,冉清泉.体操与健康[M].重庆:西南大学出版社,2006.

[13]钱宏颖,葛丽华.体育舞蹈与排舞[M].杭州:浙江大学

出版社,2011.

[14]付明忠.体育舞蹈的起源与发展[J].大舞台,2013(02).

[15]刘容娟.体育舞蹈中国创新发展路径略论[J].运动,2011(16).

[16]王佳敏.我国体育舞蹈发展现状与对策的研究[J].当代体育科技,2015(31).

[17]赵倩.我国体育舞蹈运动发展的历程、动因及路径[J].浙江体育科学,2013(01).

[18]王微.多视角下我国体育舞蹈的发展研究[D].武汉体育学院,2016.

[19]马士珍.体育舞蹈文化在我国的传播及发展研究[D].山东师范大学,2014.

[20]王洪.啦啦操教程[M].北京:人民体育出版社,2013.

[21]李旻.南昌市高校开展啦啦操运动的现状与对策研究[D].南昌大学,2012.

[22]彭楠.大连市高校啦啦操开展现状及对策研究[D].辽宁师范大学,2015.

[23]连仁都.校园排舞[M].厦门:厦门大学出版社,2014.

[24]刘琳.街舞运动[M].长春:吉林大学出版社,2014.

[25]廖萍,王海英.舞蹈基础与训练[M].重庆:西南大学出版社,2014.

[26]李嘉.瑜伽[M].重庆:西南大学出版社,2016.

[27]于立荣.瑜伽与健康[M].北京:中国书籍出版社,2016.

[28]高扬,高原.艺术体操基础训练[M].北京:北京体育大学出版社,2016.

[29]国家体育总局体操运动管理中心编.中国青少年艺术体操训练教学大纲[M].北京:北京体育大学出版社.2016.

[30]李浩,韩孟孟,朱赛.街舞运动在我国的发展现状与趋势研究[J].搏击·武术科学,2014(08).

[31]范月梅,田振华.瑜伽在我国开展的现状及其规范[J].

福建体育科技,2011(04).

　　[32]庞宇,王晓芳.对瑜伽在我国发展现状的理性思考[J].昌吉学院学报,2005(04).

　　[33]童维贞.对我国艺术体操发展现状分析与展望[J].广州体育学院学报,2005(05).

　　[34]荆维玲.我国艺术体操的现状及发展趋势[J].安徽技术师范学院学报,2005(01).